Tusculum-Bücherei

Herausgeber: Hans Färber und Max Faltner

Leben und Meinungen der Sieben Weisen

*Griechische und lateinische Quellen
erläutert und übertragen
von Bruno Snell*

HEIMERAN VERLAG IN MÜNCHEN

ISBN 3-7765-2104-X

4. verbesserte Auflage 1971. Archiv 92
Satz und Druck:
Ferdinand Oechelhäuser Druck- und Verlags-GmbH,
Kempten/Allgäu
Binderei: Heinrich Koch, Tübingen

Es ist keine Schande nicht zu wissen, wer all die Sieben Weisen waren, obwohl natürlich jedermann von ihnen hat läuten hören. Um dem geneigten Leser von vornherein das Gefühl zu nehmen, er hätte sich einer Unbildung zu schämen, wenn seine Vorstellungen von den Sieben Weisen vielleicht etwas nebelhaft sind, — um ihn aber auch gleich gehörig zu verwirren, — setze ich einen Text an den Anfang, der ahnen läßt, welch eine Fülle von einander widersprechenden Erzählungen es im Altertum über die Sieben Weisen gegeben haben muß. Dieser Text ist freilich so, wie er folgt, nicht bei einem einzelnen antiken Autor zu finden, sondern hier künstlich zusammengesetzt aus verschiedenen spätantiken Schriften. Doch könnte er sehr wohl so bei einem Schriftsteller der nachchristlichen Zeit gestanden haben, denn die hier vereinten Nachrichten gehen auf eine einheitliche Überlieferung zurück: auf die stumpfsinnigfleißige Tradition der spätgriechischen Pseudo-Philologen, die trocken notiert haben, was sie in einer weitverzweigten, uns fast völlig verlorenen Literatur fanden über die sieben legendären Gestalten, die um das Jahr 600 v. Chr. wirklich gelebt hatten und in denen man die Träger frühgriechischer Weisheit sah. — Sollte es einen Leser geben, der sich seiner Unbildung nicht schämt und der sich nicht gern durch einen Haufen nüchterner, bisweilen gar unsinniger Daten verwirren läßt, der darf diesen ersten Text überschlagen und gleich mit den folgenden beginnen, wo die bedeutungsvolleren Bruchstücke über die Sieben Weisen möglichst so vorgelegt werden sollen, daß dabei herausspringt, wieviel von der lebendigen geistigen Entwicklung Griechenlands und weiterhin des Abendlandes sich ausgeprägt hat in den mit den Jahrhunderten sich immer wieder wandelnden Charakteren dieser Idealfiguren.

Einführung

Φασὶ δὲ Ἕλληνες μετά γε Ὀρφέα καὶ Λίνον καὶ τοὺς παλαιοτάτους παρὰ σφίσι ποιητὰς ἐπὶ σοφίᾳ πρώτους θαυμασθῆναι τοὺς ἑπτὰ τοὺς ἐπικληθέντας σοφούς, ὧν τέσσαρες μὲν ἀπὸ Ἀσίας ἦσαν, Θαλῆς τε ὁ Μιλήσιος καὶ Βίας ὁ Πριηνεὺς καὶ Πιττακὸς ὁ Μυτιληναῖος καὶ Κλεόβουλος ὁ Λίνδιος, τρεῖς δὲ ἀπὸ Εὐρώπης, Σόλων τε ὁ Ἀθηναῖος καὶ Χίλων ὁ Λακεδαιμόνιος καὶ Περίανδρος ὁ Κορίνθιος. Πλάτων δὲ ἐν Πρωταγόρᾳ ἀντὶ Περιάνδρου ὡς ἀναξίου σοφίας διὰ τὸ τετυραννηκέναι ἀντικατατάττει Μύσωνα τὸν Χηνέα. οἱ δὲ περὶ Εὔδοξον Μύσωνα ἀντὶ Κλεοβούλου τιθέασι. Λεάνδριος δὲ ἀντὶ Κλεοβούλου καὶ Μύσωνος Λεώφαντον Γοργιάδα, Λεβέδιον ἢ Ἐφέσιον, ἐγκρίνει καὶ Ἐπιμενίδην τὸν Κρῆτα. Ἔφορος δὲ ἀντὶ Μύσωνος Ἀνάχαρσιν τὸν Σκύθην· οἱ δὲ καὶ Πυθαγόραν προσγράφουσιν, ἔνιοι δὲ Ἀκουσίλαον Κάβα ἢ Σκάβρα Ἀργεῖον, ἄλλοι δὲ καὶ Πεισίστρατον τὸν τύραννον. Σπαρτιάτην δὲ Ἀριστόδημον ἐν τοῖς ἑπτὰ σοφοῖς ἀναγράφει Ἄνδρων ὁ Ἐφέσιος. Δικαίαρχος δὲ τέσσαρας ὡμολογημένους ἡμῖν παραδίδωσιν Θαλῆν, Βίαντα, Πιττακόν, Σόλωνα. ἄλλους δὲ ὀνομάζει ἕξ, ὧν ἐκλέξασθαι τρεῖς, Ἀριστόδημον, Πάμφυλον, Χίλωνα Λακεδαιμόνιον, Κλεόβουλον, Ἀνάχαρσιν, Περίανδρον. Ἕρμιππος δ' ἐν τῷ Περὶ τῶν σοφῶν ἑπτακαίδεκά φησιν, ὧν τοὺς ἑπτὰ ἄλλους ἄλλως αἱρεῖσθαι· εἶναι δὲ Σόλωνα, Θαλῆν, Πιττακόν, Βίαντα, Χίλωνα, Μύσωνα, Κλεόβουλον, Περίανδρον, Ἀνάχαρσιν, Ἀκουσίλαον, Ἐπιμενίδην, Λεώφαντον, Φερεκύδην, Ἀριστόδημον, Πυθαγόραν, Λᾶσον Χαρμαντίδου ἢ Σισυμβρίνου, ἢ ὡς Ἀριστόξενος, Χαβρίνου, Ἑρμιονέα, Ἀναξαγόραν. Ἱππόβοτος δὲ

6

Einführung

Die Griechen sagen, daß nach Orpheus und Linos und ihren anderen Dichtern der Frühzeit Bewunderung wegen Weisheit als erste die sogenannten Sieben Weisen gefunden haben, von denen vier aus Asien stammten, Thales von Milet, Bias von Priene, Pittakos von Mytilene und Kleobulos von Lindos, und drei aus Europa, Solon von Athen, Chilon von Lakedaimon und Periander von Korinth. Platon im Protagoras ersetzt allerdings Periander, da er als Tyrann keine Weisheit beanspruchen könne, durch Myson aus Chen. Eudoxos und seine Schüler setzen Myson jedoch an die Stelle von Kleobulos. Leandrios nimmt statt Kleobulos und Myson den Leophantos, Sohn des Gorgiades, aus Lebedos oder Ephesos und Epimenides aus Kreta; Ephoros an Stelle des Myson den Skythen Anacharsis; andere zählen auch Pythagoras dazu, einige Akusilaos, den Sohn des Kabas oder Skabras, aus Argos; andere auch den Tyrannen Peisistratos. Den Spartaner Aristodem zählt Andron aus Ephesos zu den Sieben Weisen. Dikaiarch überliefert uns, daß vier allgemein anerkannt seien: Thales, Bias, Pittakos, Solon; er nennt sechs weitere, aus denen man jeweils drei auswähle: Aristodemos, Pamphylos, Chilon aus Lakedaimon, Kleobulos, Anacharsis, Periander. Hermipp in seiner Schrift „Über die Weisen" nennt siebzehn, aus denen man in verschiedener Weise sieben aussuche: Solon, Thales, Pittakos, Bias, Chilon, Myson, Kleobulos, Periander, Anacharsis, Akusilaos, Epimenides, Leophantos, Pherekydes, Aristodemos, Pythagoras, Lasos, den Sohn des Charmantides oder des Sisymbrinos oder, wie Aristoxenos sagt, des Chabrinos aus Hermione, und Anaxagoras. Hippobotos aber in seiner

ἐν τῇ τῶν Φιλοσόφων ἀναγραφῇ· Ὀρφέα, Λίνον, Σόλωνα, Περίανδρον, Ἀνάχαρσιν, Κλεόβουλον, Μύσωνα, Θαλῆν, Βίαντα, Πιττακόν, Ἐπίχαρμον, Πυθαγόραν. Ἀρχέτιμος δὲ ὁ Συρακούσιος ὁμιλίαν αὐτῶν ἀνέγραφε παρὰ Κυψέλῳ, ᾗ καὶ αὐτός φησι παρατυχεῖν· Ἔφορος δὲ παρὰ Κροίσῳ πλὴν Θαλοῦ. φασὶ δέ τινες καὶ ἐν Πανιωνίῳ καὶ ἐν Κορίνθῳ καὶ ἐν Δελφοῖς συνελθεῖν αὐτούς.

διαφωνοῦνται δὲ καὶ αἱ ἀποφάσεις αὐτῶν καὶ ἄλλου ἄλλο φασίν· ὅτι τὸ μὲν οὖν 'Γνῶθι σαυτὸν' ὡς παροιμία παραλαμβάνεται, μαρτυρεῖ Θεόφραστος ἐν τῷ Περὶ παροιμιῶν, Χαμαιλέων δὲ ἐν τῷ Περὶ θεῶν Θαλοῦ, οἱ πολλοὶ δὲ Χίλωνος εἶναι τὸ ἀπόφθεγμα ὑπειλήφασιν, Ἕρμιππος δ' ἐν τῷ πρώτῳ περὶ Ἀριστοτέλους Λάβυν Δελφὸν εὐνοῦχόν φησιν εἰρηκέναι αὐτὸ νεωκόρον ὄντα τοῦ ἱεροῦ. Κλέαρχος δὲ λέγει ἐν τοῖς Περὶ παροιμιῶν τοῦ μὲν Πυθίου εἶναι παράγγελμα, χρησθῆναι δὲ Χίλωνι, τί ἄριστον ἀνθρώποις μαθεῖν πυνθανομένῳ, Ἀριστοτέλης δὲ ἐν τοῖς Περὶ φιλοσοφίας τῆς Πυθίας, πρὸ Χίλωνος γὰρ ἀνάγραπτον ἦν ἐν τῷ ἱδρυθέντι νεῷ μετὰ τὸν πτέρινόν τε καὶ χαλκοῦν. Ἀντισθένης δὲ ἐν ταῖς Διαδοχαῖς Φημονόης εἶναι τὸ 'Γνῶθι σαυτὸν' φησιν, ἐξιδιοποιήσασθαι δὲ αὐτὸ Χίλωνα.

πάλιν αὖ Χίλωνι τῷ Λακεδαιμονίῳ ἀναφέρουσι τὸ 'μηδὲν ἄγαν' ὡς Κριτίας·
ἦν Λακεδαιμόνιος Χίλων σοφός, ὃς τάδ' ἔλεξε·
'μηδὲν ἄγαν· καιρῷ πάντα πρόσεστι καλά.'

„Liste der Philosophen" führt auf: Orpheus, Linos, Solon, Periander, Anacharsis, Kleobulos, Myson, Thales, Bias, Pittakos, Epicharm, Pythagoras.

Archetimos von Syrakus beschrieb ihr Zusammentreffen bei Kypselos, bei dem er selbst zugegen gewesen sei; Ephoros ihre Zusammenkunft bei Kroisos, bei der Thales fehlte. Einige sagen, sie seien auch im Panionischen Heiligtum und in Korinth und in Delphi zusammengekommen.

Auch ihre Aussprüche sind umstritten, und die einzelnen werden verschiedenen zugesprochen. 'Erkenne dich selbst' wird als Sprichwort genommen; das bezeugt Theophrast in seiner Schrift über die Sprichwörter; Chamaileon in dem Buch über die Götter gibt diesen Spruch dem Thales; die meisten nehmen an, er stamme von Chilon; Hermipp im ersten Buch über Aristoteles sagt, Labys, ein Eunuche in Delphi, habe dies gesagt, der ein Tempelwächter im Heiligtum gewesen sei. Klearch aber sagt in seinem Buch über die Sprichwörter, es sei ein Gebot des pythischen Apoll und als Orakel dem Chilon gegeben, als dieser fragte, was die Menschen am ehesten lernen sollten; Aristoteles in dem Dialog über Philosophie schreibt es der Pythia zu. Schon vor Chilon war es nämlich aufgezeichnet auf dem *delphischen* Tempel, der nach dem sogenannten geflügelten und nach dem bronzenen gebaut war. Antisthenes in seinen 'Philosophenschulen' sagt, der Spruch 'Erkenne dich selbst' stamme von Phemonoe, *der ersten Pythia in Delphi*, und Chilon habe ihn sich nur angemaßt.

Chilon, dem Lakedaimonier, übertragen sie nun wieder den Spruch 'Nichts zu sehr!', wie z. B. Kritias:

Chilon aus Sparta war es, der Weise, der folgendes
sagte:
Nichts zu sehr; das Gedeihn hängt an dem richtigen Maß.

λέγουσι δὲ ὅτι ἐνέγραψε αὐτὸ ἐν Δελφοῖς. Στράτων δὲ ἐν τῷ Περὶ εὑρημάτων Σωδάμῳ προσάπτει τὸ ἀπόφθεγμα ὡς τὸ ἐν Τεγέᾳ ἐπίγραμμα δηλοῖ·

ταῦτ' ἔλεγεν Σώδαμος 'Επηράτου, ὅς μ' ἀνέθηκεν·
'μηδὲν ἄγαν· καιρῷ πάντα πρόσεστι καλά.'

Δίδυμος δὲ Σόλωνι αὐτὸ ἀνατίθησιν ὥσπερ ἀμέλει Κλεοβούλῳ τὸ 'μέτρον ἄριστον,' ὁ δὲ Θεόφραστος λέγει 'ὡς τὰ Σισύφου λεγόμενα καὶ Πιτθέως, οἷον μηδὲν ἄγαν, μηδὲ δίκαν δικάσῃς.' τὸ δ' 'ἐγγύα πάρα δ' ἄτα' Κλεομένης μὲν ἐν τῷ Περὶ 'Ησιόδου 'Ομήρῳ φησὶ προειρῆσθαι διὰ τούτων·

δειλαί τοι δειλῶν γε καὶ ἐγγύαι ἐγγυάασθαι·

οἱ δὲ περὶ 'Αριστοτέλη Χίλωνος αὐτὸ νομίζουσι, Δίδυμος δὲ Θαλοῦ φησιν εἶναι τὴν παραίνεσιν.

λέγεται δὲ καὶ ὅτι Χίλων ἀφικόμενος εἰς Δελφοὺς καὶ καθάπερ ἀπαρχὰς ποιούμενος τῷ θεῷ τῆς ἰδίας συνέσεως ἐπέγραψεν ἐπί τινα κίονα τρία ταῦτα· 'γνῶθι σαυτόν' καὶ 'μηδὲν ἄγαν' καὶ τρίτον 'ἐγγύα· πάρα δ' ἄτα'.

'τὴν κατὰ σαυτὸν ἔλα' οἱ μὲν Πυθικὸν εἶναί φασιν ἀπόφθεγμα, οἱ δὲ Σόλωνος, ἔνιοι δὲ αὐτὸ Χίλωνα εἰπεῖν συμβουλευομένῳ τινί, εἰ πλούσιον ἕλοιτο γάμον.

Zusammengestellt vor allem aus den Philosophen-Biographien des Diogenes Laërtios (3. Jahrh. n. Chr.) 1, 30; 40—42; 122; ferner aus Clemens, Strom. 1, 59—61; Stobaios 3, 558 und 579 W.-H.; Diodor 9, 10, 1; Schol. Eur. Hipp. 264; Papiri della Società Italiana vol. 9 nr. 1093; Schol. Pind. Isthm. 2, 17; Schol. Plat. Phileb. 48C; Paus. Attic. τ 27 Erbse.

Man sagt, er habe dies in Delphi *am Tempel* aufgeschrieben. Straton hingegen in dem Buch über Erfindungen gibt den Ausspruch dem Sodāmos, wie die
Inschrift in Tegea zeige:

Der mich weihte, Sodāmos, der Sohn des Eperătos,
sagte:
Nichts zu sehr: Das Gedeihn hängt an dem richtigen Maß.

Didymos aber schreibt ihn dem Solon zu und dann
dem Kleobulos den Spruch: 'Das Maß ist das Beste'.
Theophrast jedoch sagt „wie die Worte des Sisyphos
und Pittheus, z. B. 'Nichts zu sehr', 'Sei nicht Richter'". Der Spruch 'Bürgschaft bringt Unheil' ist, wie
Kleomenes in seiner Schrift über Hesiod sagt, von
Homer vorweggenommen mit dem Vers (Od. 8, 351):

Bürgschaft für einen Schlechten ist schlecht als
Bürgschaft zu nehmen.

In der Schule des Aristoteles nimmt man ihn als Wort
des Chilon; Didymos sagt, es sei eine Mahnung des
Thales.

Man erzählt auch, daß Chilon bei seiner Ankunft
in Delphi gleichsam als Spende seines Verstandes für
den Gott auf eine Säule diese drei Sätze geschrieben
habe: 'Erkenne dich selbst!' und 'Nichts zu sehr!' und
'Bürgschaft bringt Unheil'.

'Halt dich zu dem Deinen' war, wie die einen sagen,
ein pythischer Spruch, wie die anderen ein Ausspruch
Solons. Einige aber behaupten, Chilon hätte es zu
jemandem gesagt, der ihn um Rat fragte, ob er eine
reiche Heirat eingehen solle (vgl. S. 124f.).

*Schon diese Übersicht zeigt, daß man bei den Sieben
Weisen vor allem an ihre weisen Aussprüche dachte.
Trotz der weitläufigen Diskussionen über die Zuweisung
der einzelnen Sprüche an einzelne Weise scheint die älteste und meist anerkannte Verteilung die folgende zu sein:*

ΘΑΛΕΣ
γνῶθι σαυτόν.

ΣΟΛΩΝ
μηδὲν ἄγαν.

ΧΙΛΩΝ
ἐγγύα· πάρα δ᾽ ἄτα.

ΠΙΤΤΑΚΟΣ
καιρὸν γνῶθι.

ΒΙΑΣ
οἱ πλεῖστοι κακοί.

ΚΛΕΟΒΟΥΛΟΣ
μέτρον ἄριστον.

ΠΕΡΙΑΝΔΡΟΣ
μελέτη τὸ πᾶν.

THALES
Erkenne dich selbst!

SOLON
Nichts zu sehr!

CHILON
Bürgschaft, — schon ist Unheil da.

PITTAKOS
Erkenne den passenden Augenblick

BIAS
Die Meisten sind schlecht.

KLEOBULOS
Maß ist das Beste.

PERIANDER
Alles ist Übung.

Die historischen Gestalten

Alle Völker kennen solche Spruchweisheit als älteste Form, etwas Allgemeines zu begreifen, und manche dieser Sprüche sind sicher älter als die Sieben Weisen und werden, wie wir sahen, zum Teil mit Delphi in Verbindung gesetzt, — mit Recht, wie auch spätere Zeugnisse zeigen werden, und wie auch der Inhalt der meisten zeigt; denn wenn sie das Maß und die Schranken alles Menschlichen betonen (nichts anderes bedeutet auch das 'Erkenne dich selbst'), so ist das die Lehre des delphischen Apollon. Und diese Sätze sind grundlegend für die Griechen geworden; sie wurden geradezu Leitsprüche für das klassische Griechentum, und darum vor allem behielten die Sieben Weisen solch hohes Ansehen. Entwachsen sind sie einer Zeit, die in jugendlichem Mut sehr hoch zu greifen suchte und ihre eigenen Kräfte für göttergleich zu halten geneigt war, — aber auch die klassische Zeit kannte noch so viele maßlose Triebe, daß diese Mahnungen bedeutungsvoll blieben. Die übrigen Sprüche sind mehr zeitbedingt. Die Warnung vor der Bürgschaft setzt die beginnende Geldwirtschaft voraus; die Wichtigkeit der 'Übung' galt einer Zeit besonders hoch, die den eigenen Kräften zu trauen begann und nicht mehr die große Leistung dem Wirken der Gottheit zusprach; die Verachtung der Vielen wird offen ausgesprochen, als noch die aristokratische Ordnung herrscht, sich aber Einzelne schon entschlossen als individuelle Persönlichkeiten hervorheben.

Selbst sofern sie religiösen Lehren entstammen, verweisen diese Sprüche den Menschen auf die Erde, auf sein diesseitiges Tun, und es ist charakteristisch für die Griechen, daß sie diese Sprüche auf historische Personen durchaus profanen Charakters gestellt haben, nicht auf

*Heilige, sondern auf Weise. Ursprünglich waren wohl
die einzelnen Weisen mit ihren Sprüchen enger verknüpft, als wir heute noch sehen können, so daß diese
Sprüche gleichsam die Quintessenz ihres Lebens oder
doch bestimmter Taten darstellten.*

*Da nur Solon eigene Schriften hinterlassen hat, sind
die Nachrichten über die anderen sechs Weisen großen-
teils sehr unsicher, zumal die Legendenbildung schon
zu ihren Lebzeiten begann. Diese Legendenbildung war
gewissermaßen vorbereitet oder nahegelegt dadurch, daß
schon ein Mythos von den sieben Söhnen des Sonnen-
gottes erzählte, 'die die weisesten Gedanken unter den
früheren Menschen empfingen' (Pindar, Olymp. 7, 71).
Vielleicht stecken sogar uralte orientalische Vorstellungen dahinter; jedenfalls werden schon anderthalb Jahr-
tausend vor Pindar am Ende der 11. Tafel des Gilga-
mesch-Epos Sieben Weise erwähnt, die die Fundamente
der Mauer von Uruk gelegt haben sollen, und die Sieben
Rischis der alten Inder hatten Weisheit und Sanges-
kunst von den Göttern erhalten, um ihre Taten und ihre
Macht zu preisen. Bei den Persern beriet ein Siebener-
Rat den König (Herodot 6, 43) und chinesische Bilder
zeigen „die Sieben Weisen im Bambushain". Homer gibt
sowohl Agamemnon wie Priamos bei besonders wichti-
gen Entscheidungen einen Rat von je sieben besonders
erfahrenen Männern zur Seite, die 'Gemeindegreise', wie
sie auf trojanischer Seite heißen (Il. 2, 405 ff. und 3,
146 ff.).*

*Über Kleobulos, den man später für den Verfasser
von allerlei Rätseln hielt, wußte man kaum mehr etwas;
auch Chilon war den meisten Griechen nur ein Schatten,
obwohl er in Sparta als Heros verehrt und als solcher
auch in der bildenden Kunst dargestellt wurde. Das
Wichtigste von dem aus unserer trümmerhaften Überlieferung, das wohl als geschichtlich angesehen werden
kann, und was uns einigen Anhalt gibt, warum gerade
diese Männer zu Weisen erhoben wurden, ist folgendes:*

1.

ΘΑΛΗΣ

... διαφέρουσι δέ σφι ἐπὶ ἴσης τὸν πόλεμον τῷ ἕκτῳ ἔτει συμβολῆς γενομένης συνήνεικε ὥστε τῆς μάχης συνεστεώσης τὴν ἡμέρην ἐξαπίνης νύκτα γενέσθαι. τὴν δὲ μεταλλαγὴν ταύτην τῆς ἡμέρης Θαλῆς ὁ Μιλήσιος τοῖσι Ἴωσι προηγόρευσε ἔσεσθαι, οὖρον προθέμενος ἐνιαυτὸν τοῦτον ἐν τῷ δὴ καὶ ἐγένετο ἡ μεταβολή.

Herodot 1, 74.

Θαλῆς δὲ πρῶτον εἰς Αἴγυπτον ἐλθὼν μετήγαγεν εἰς τὴν Ἑλλάδα τὴν θεωρίαν ταύτην καὶ πολλὰ μὲν αὐτὸς εὗρεν.

Eudem, Geschichte der Geometrie fr. 133 (p. 54, 18) Wehrli.

Θαλῆς ὁ τῆς τοιαύτης ἀρχηγὸς φιλοσοφίας (sc. τὴν ἀρχὴν) ὕδωρ εἶναί φησιν.

Aristoteles, Metaphysik 1, 3, 983b 21.

Οἱ δ᾽ ἐφ᾽ ὕδατος κεῖσθαι (sc. τὴν γῆν). τοῦτον γὰρ ἀρχαιότατον παρειλήφαμεν τὸν λόγον, ὅν φασιν εἰπεῖν Θαλῆν τὸν Μιλήσιον ὡς διὰ τὸ πλωτὴν εἶναι μένουσαν ὥσπερ ξύλον ἤ τι τοιοῦτον ἕτερον.

Aristoteles, Über den Himmel 2, 13, 294a 28.

πάντα πλήρη θεῶν ἐστιν.

ἡ μάγνητις λίθος ψυχὴν ἔχει.

Aristoteles, Über die Seele 1, 5, 411a 7 und 1, 2, 405a 19.

2.

ΣΟΛΩΝ

Τοιαύτης δὲ τῆς τάξεως οὔσης ἐν τῇ πολιτείᾳ καὶ τῶν πολλῶν δουλευόντων τοῖς ὀλίγοις, ἀντέστη τοῖς γνωρίμοις ὁ δῆμος. ἰσχυρᾶς δὲ τῆς στάσεως οὔσης καὶ πολὺν χρόνον ἀντικαθημένων ἀλλήλοις, εἵλοντο κοινῇ

1.

THALES *angeblich 624—547*

Als die Könige Alyattes von Lydien und Kyaxares von Medien ihren Krieg unentschieden fortsetzten, geschah es im sechsten Jahr bei einem Zusammentreffen, daß, als die Schlacht gerade im Gang war, der Tag plötzlich zur Nacht wurde, *am 28. Mai 585.* Diese Verwandlung des Tages hatte Thales von Milet den Ioniern vorausgesagt und dafür als Grenze dieses Jahr gesetzt, in dem die Veränderung dann auch wirklich stattfand.

Thales kam zuerst nach Ägypten und brachte die Geometrie nach Griechenland; und vieles in dieser Wissenschaft hat er selbst gefunden.

Thales, der in solchen naturphilosophischen Spekulationen voranging, hielt für den Anfang aller Dinge das Wasser.

Andere sagen, die Erde liege auf dem Wasser. Dies ist uns als die älteste Lehre überkommen, und es heißt, Thales von Milet habe sie vertreten: die Erde könne schwimmen und bleibe deswegen *obenauf* wie Holz oder dergleichen.

Alles ist voll von Göttern.
Der Magnetstein ist belebt (hat eine Seele).

2.

SOLON *etwa 634 bis nach 560*

Bei diesen Zuständen im Staat, da die Vielen von den Wenigen geknechtet wurden, empörte sich das Volk gegen die Vornehmen. Der Kampf war hartnäckig und lange standen sie gegeneinander. Schließ-

διαλλακτὴν καὶ ἄρχοντα Σόλωνα καὶ τὴν πολιτείαν ἐπέτρεψαν αὐτῷ, ποιήσαντι τὴν ἐλεγείαν ἧς ἐστιν ἀρχή·

γιγνώσκω, καί μοι φρενὸς ἔνδοθεν ἄλγεα κεῖται,
πρεσβυτάτην ἐσορῶν γαῖαν ᾽Ιαονίας
κλινομένην.

ἐν ᾗ πρὸς ἑκατέρους ὑπὲρ ἑκατέρων μάχεται καὶ διαμφισβητεῖ, καὶ μετὰ ταῦτα κοινῇ παραινεῖ καταπαύειν τὴν ἐνεστῶσαν φιλονικίαν. ἦν δ᾽ ὁ Σόλων τῇ μὲν φύσει καὶ τῇ δόξῃ τῶν πρώτων, τῇ δ᾽ οὐσίᾳ καὶ τοῖς πράγμασι τῶν μέσων, ὡς ἔκ τε τῶν ἄλλων ὁμολογεῖται καὶ αὐτὸς ἐν τοῖσδε τοῖς ποιήμασιν μαρτυρεῖ, παραινῶν τοῖς πλουσίοις μὴ πλεονεκτεῖν·

ὑμεῖς δ᾽ ἡσυχάσαντες ἐνὶ φρεσὶ καρτερὸν ἦτορ,
οἳ πολλῶν ἀγαθῶν ἐς κόρον ἠλάσατε,
ἐν μετρίοισι τίθεσθε μέγαν νόον. οὔτε γὰρ ἡμεῖς
πεισόμεθ᾽, οὔθ᾽ ὑμῖν ἄρτια ταῦτ᾽ ἔσεται.

καὶ ὅλως αἰεὶ τὴν αἰτίαν τῆς στάσεως ἀνάπτει τοῖς πλουσίοις· διὸ καὶ ἐν ἀρχῇ τῆς ἐλεγείας δεδοικέναι φησὶ
τήν τε φιλαργυρίην τήν θ᾽ ὑπερηφανίην,
ὡς διὰ ταῦτα τῆς ἔχθρας ἐνεστώσης.

Κύριος δὲ γενόμενος τῶν πραγμάτων Σόλων τόν τε δῆμον ἠλευθέρωσε καὶ ἐν τῷ παρόντι καὶ εἰς τὸ μέλλον, κωλύσας δανείζειν ἐπὶ τοῖς σώμασιν, καὶ νόμους ἔθηκε, καὶ χρεῶν ἀποκοπὰς ἐποίησε, καὶ τῶν ἰδίων καὶ τῶν δημοσίων, ἃς σεισάχθειαν καλοῦσιν, ὡς ἀποσεισάμενοι τὸ βάρος.

Aristoteles, Verfassung von Athen 5, 1.

lich wählten sie gemeinsam Solon zum Schiedsrichter und Archon und übertrugen ihm, die Verfassung zu ordnen, nachdem er die Elegie gedichtet hatte, die beginnt:

„Klar erkenne ich nun, und Leid liegt tief mir im
Herzen,
Sehe ich niedergestürzt Ioniens ältestes Kind..."

In diesem Gedicht kämpft er gegen und für jede der zwei Parteien, wägt alles genau gegeneinander und mahnt darauf beide, den bestehenden Zwist aufzugeben. Solon gehörte an Begabung und Ansehen zu den Ersten, an Vermögen und Stellung zu den Mittleren, wie aus anderen Gründen allgemein angenommen wird, er es selbst aber auch durch folgende Verse bezeugt, in denen er die Reichen mahnt, nicht zu anspruchsvoll zu sein:

„Ihr, die ihr vielerlei Gutes zum Überdrusse gekostet,
Friedsam haltet hinfort euer begehrliches Herz.
Richtet den stolzen Sinn auf Mäßiges. Weder wir selber
Geben euch nach, noch ihr findet in diesem Erfolg."

Und durchaus gibt er immer die Schuld an dem Zwist den Reichen; deswegen sagt er auch am Anfang der Elegie, er fürchte
„ihre Begierde nach Geld, ihren gewaltigen Stolz",
weil daraus der Hader entstanden sei.
Da er die Vollmacht erhalten hatte, befreite Solon das Volk für den Augenblick und auch für die Zukunft, indem er verbot, Geld gegen Leibes-Haftung auszuleihen; er gab Gesetze, und er führte einen Erlaß der Schulden, der öffentlichen wie der privaten, durch, die sogenannte „Lastenabschüttelung".

3.
ΧΙΛΩΝ

Χίλων Δαμαγήτου Λακεδαιμόνιος . . . γέγονε δὲ ἔφορος κατὰ τὴν πεντηκοστὴν πέμπτην Ὀλυμπιάδα· Παμ-
φίλη δέ φησι κατὰ τὴν ἕκτην. καὶ πρῶτον ἔφορον
γενέσθαι ἐπὶ Εὐθυδήμου, ὥς φησι Σωσικράτης.
Diogenes Laërtios 1, 68.

Ἰόντι δὲ ὡς ἐπὶ τὰς πύλας ἀπὸ τοῦ Χιτῶνος Χίλωνός
ἐστιν ἡρῷον τοῦ σοφοῦ νομιζομένου.
Pausanias 3, 16, 4.

4.
ΠΙΤΤΑΚΟΣ

Πιττακὸς Ὑρραδίου Μυτιληναῖος Μέλαγχρον τὸν τύραννον τῆς Λέσβου καθεῖλε. καὶ περὶ τῆς Ἀχιλείτιδος
χώρας μαχομένων Ἀθηναίων καὶ Μυτιληναίων ἐστρα-
τήγει μὲν αὐτός, Ἀθηναίων δὲ Φρύνων παγκρατιαστὴς
Ὀλυμπιονίκης. συνέθετο δὴ μονομαχῆσαι πρὸς αὐτόν·
καὶ δίκτυον ἔχων ὑπὸ τὴν ἀσπίδα λαθραίως περιέβαλε
τὸν Φρύνωνα καὶ κτείνας ἀνεσώσατο τὸ χωρίον.
Nach Suda und Diogenes Laërtios 1, 74.

Ἀλκαῖος περὶ Πιττάκου·
ΑΛΚΑΙΟΥ ΑΡΑ
. . . . ἄγιτ' εὔνοον
θῦμον σκέθοντες ἀμμετέρας ἄρας
ἀκούσατ', ἐκ δὲ τῶνδε μόχθων
ἀργαλέας τε φύγας ῥ[ύεσθε,
τὸν Ὕρραον δὲ παῖδα πεδελθέτω
κήνων Ἐ[ρίννυ]ς, ὥς ποτ' ἀπώμνυμεν
τόμοντες ἄμφ[εν'? –υ–] ν · ν
μήδαμα μήδενα τῶν ἑταίρων,

3.

CHILON *geboren etwa 600*

Chilon, der Sohn des Damagetos aus Lakedaimon,
. . . war Ephor in der 55. Olympiade, *560 v. Chr.;* Pamphile aber sagt, in der 56., *556 v. Chr.* Er soll der erste
Ephor gewesen sein, als Euthydem Archon war, wie
Sosikrates sagt.

Wenn man *in Sparta* vom „Webhaus" in der Richtung auf die Tore geht, kommt man zu einem Heiligtum, in dem man Chilon, der für einen der Weisen gehalten wird, als Heros verehrt.

4.

PITTAKOS *etwa 645—570*

Pittakos, der Sohn des Hyrra(dio)s, aus Mytilene,
tötete Melanchros, den Tyrannen von Lesbos. Als die
Athener und Mytilener um das Gebiet der Achileïs
(Sigeion) kämpften, führte er das Heer; das der Athener führte Phrynon, der Olympiasieger im Pankration.
Mit dem kam er überein, einen Einzelkampf auszufechten; dabei warf er ein Netz, das er heimlich unter
dem Schild trug, über Phrynon und tötete ihn. So
rettete er dies Gebiet.

Alkaios, *um 600 v. Chr.,* über Pittakos:
GEBET DES ALKAIOS
Nehmt, ihr Mächtigen, das Gebet,
Das wir euch bringen, gnädigen Sinnes auf
Und rettet uns aus der Bedrängnis
Und aus der Bitterkeit der Verbannung!

Den Sohn des Hyrras sollt ihr Erinyen
Mit Rache treffen, da wir mit heilgem Eid
Vor allem Volk geschworen haben,
Keinen der Unseren zu verlassen,

ἀλλ' ἢ θάνοντες γᾶν ἐπιέμμενοι
κείσεσθ' ὑπ' ἄνδρων οἳ τότ' ἐπικ[. .]ην
ἤπειτα κακκτάνοτες αὔτοις
δᾶμον ὑπὲξ ἀχέων λύεσθαι.

κήνων ὁ φύσκων οὐ διελέξατο
πρὸς θῦμον, ἀλλὰ βραϊδίως πόσιν
ἔ]μβαις ἐπ' ὀρκίοισι δάπτει
τὰν πόλιν, ἄμμι δέδ[.....]ί[.]αις
Alkaios fr. 24A Diehl.

            τὸν κακοπατρίδαν
Φίττακον πόλιος τᾶς ἀχόλω καὶ βορυδαίμονος
ἐστάσαντο τύραννον μέγ' ἐπαίνεντες ἀόλλεες.
Alkaios fr. 87 Diehl.

        κῆνος δὲ παώθεις 'Ατρεΐδαν γάμω
        δαπτέτω πόλιν.
Alkaios fr. 43, 6 Diehl.

Εὐγενεστέρα γὰρ αὐτῷ οὖσα ἡ γυνή, ἐπειδήπερ ἦν
Δράκοντος ἀδελφὴ τοῦ Πενθίλου, σφόδρα κατεσοβα-
ρεύετο αὐτοῦ. Τοῦτον 'Αλκαῖος σαράποδα μὲν καὶ σάρα-
πον ἀποκαλεῖ διὰ τὸ πλατύπουν εἶναι καὶ ἐπισύρειν τὼ
πόδε· χειροπόδην δὲ διὰ τὰς ἐν τοῖς ποσὶ ῥαγάδας, ἃς
χειράδας ἐκάλουν· γαύρηκα δὲ ὡς εἰκῆ γαυριῶντα·
φύσκωνα δὲ καὶ γάστρωνα ὅτι παχὺς ἦν: ἀλλὰ μὴν καὶ
ζοφοδορπίδαν ὡς ἄλυχνον· ἀγάσυρτον δὲ ὡς ἐπισεσυρ-
μένον καὶ ῥυπαρόν.
Diogenes Laërtios 1, 81.

'Εγένετο δὲ καὶ Πιττακὸς νόμων δημιουργός, ἀλλ' οὐ
πολιτείας· νόμος δ' ἴδιος αὐτοῦ τὸ τοὺς μεθύοντας, ἄν
τι πταίσωσι, πλείω ζημίαν ἀποτίνειν τῶν νηφόντων.
Aristoteles, Politik 2, 9, 1274b 18.

22

Nein, lieber selbst begraben zu liegen und
Erschlagen von den Mächtigen jener Zeit,
Wenn wir nicht selbst sie töten und das
Leidende Volk aus der Knechtschaft retten.

Der Dickwanst aber redete davon nicht
Mit seinem Herzen; leichtfertig tritt er die
Geschwornen Eide frech mit Füßen,
Richtet die heilige Stadt zugrunde.

Z. Franyó — Peter Gan.

Den Plebejer Pittakos haben sie der schlappen, un-
glückseligen Stadt als Tyrannen eingesetzt, und alle
preisen ihn gewaltig.

Jener, der eine Atriden-Ehe gewonnen hat, *d. h.
dessen Frau ihre Abstammung auf die Atriden zurück-
führt,* mag die Stadt verschlingen!

Denn er hatte eine Frau, die vornehmer war als er,
da sie die Schwester des Drakon, des Sohnes des Pen-
thilos, war; die behandelte ihn sehr hochmütig. — Ihn
nennt der Dichter Alkaios „Schleppfuß" *(in Wahrheit
„Spaltfuß"),* weil er Plattfüße hatte und die Füße
nachschleppte; „Schrundfuß" *(oder vielmehr „Hand-
fuß"),* weil seine Füße Risse hatten; „Prahlhans",
weil er darauf losprahlte; „Fettwanst" und „Schmer-
bauch" weil er dick war; außerdem noch „Dunkel-
fresser", weil er die Lampe sparte; „Schlampe", weil
er unordentlich und dreckig war.

Auch Pittakos war Verfasser von Gesetzen, aber
nicht von einer Verfassung. Ihm eigentümlich ist das
Gesetz, daß die Betrunkenen bei einer Verfehlung
härtere Strafe finden als die Nüchternen.

5.
ΒΙΑΣ

Λέγεται δίκας δεινότατος γεγονέναι εἰπεῖν. ἐπ' ἀγα-
θῷ μέντοι τῇ τῶν λόγων ἰσχύϊ προσεχρῆτο. ὅθεν καὶ
Δημόδοκος ὁ Λέριος τοῦτο αἰνίττεται λέγων·
ἦν τύχῃς τίνων δικάζευ τὴν Πριηνίην δίκην.
καὶ Ἱππῶναξ·
καὶ δικάζεσθαι Βίαντος τοῦ Πριηνέος κρέσσον. ...
ὁ δυσάρεστος Ἡράκλειτος μάλιστα αὐτὸν ἐπήνεσε
γράψας· ἐν Πριήνῃ Βίας ἐγένετο ὁ Τευτάμεω, οὗ πλείων
λόγος ἢ τῶν ἄλλων.
Diogenes Laërtios 1, 84; 88.

Σάμιοι καὶ Πριηνεῖς πολεμοῦντες ἀλλήλοις τὰ μὲν
ἄλλα μετρίως ἐβλάπτοντο καὶ ἔβλαπτον, μάχης δὲ με-
γάλης γενομένης χιλίους Σαμίων οἱ Πριηνεῖς ἀπέκτει-
ναν. ἐβδόμῳ τε ὕστερον ἔτει Μιλησίοις συμβαλόντες
παρὰ τὴν καλουμένην Δρῦν, τοὺς ἀρίστους ὁμοῦ τε καὶ
πρώτους ἀπέβαλον τῶν πολιτῶν· ὅτε καὶ Βίας ὁ σοφὸς
εἰς Σάμον ἐκ Πριήνης πρεσβεύσας εὐδοκίμησε.
Plutarch, Quaestiones Graecae 20 (= Aristoteles, Verfassung
von Samos fr. 576 Rose).

Οἱ μὲν οὖν Πριηνεῖς τὴν μὲν ἐξ ἀρχῆς γεγενημένην
αὐτοῖς κτῆσιν τῆς Βατινήτιδος χώρας ἐπεδείκνυον ἔκ
τε τῶν ἱστοριῶν καὶ τῶν ἄλλων μαρτυριῶν καὶ δικαιω-
μάτων μετὰ τῶν ἐξετῶν σπονδῶν. ὕστερον δὲ συνωμολό-
γουν Λυγδάμεως ἐπελθόντος ἐπὶ τὴν Ἰωνίαν μετὰ δυνά-
μεως τούς τε λοιποὺς ἐγλιπεῖν τὴν χώραν καὶ Σαμίους
εἰς τὴν νῆσον ἀποχωρῆσαι. τὸν δὲ Λύγδαμιν κατασχόντα
τρία (?) ἔτη αὐτοῖς πάλιν ἀποδιδόναι τὰς αὐτὰς κτήσεις,

5.
BIAS, *etwa 600 v. Chr.*

Es heißt, daß Bias ein sehr guter Redner vor Gericht war, und zwar verwandte er die Kraft seiner
Worte nur zum Guten. Deswegen spielt auch Demo-
dokos von Leros darauf an in seinem Vers:
Heischt man Buße, vor den Richtern sprich dann
nach Priene-Recht,
und Hipponax, *etwa 545 v. Chr.*:
... und vor Gericht zu reden besser als Bias von
Priene.
Heraklit *(etwa 500 v. Chr.)*, der so schwer zufrieden-
zustellen war, lobt ihn außerordentlich, da er schreibt:
In Priene lebte Bias, des Teutamas Sohn, dessen Wort
mehr Sinn hat als das der anderen.

Die Samier und Priener schadeten, als sie im Krieg
gegeneinander waren, sich gegenseitig nur wenig, aber
dann töteten in einer großen Schlacht die Priener
Tausende von Samiern. Sechs Jahre später trafen die
Priener bei dem 'Eiche' genannten Ort auf die Milesier
und verloren dabei die Tapfersten und Angesehensten
ihrer Bürger. Damals wurde Bias, der Weise, berühmt,
da er als Gesandter nach Samos aus Priene kam.

Die Prienischen Gesandten suchten aus der historischen Überlieferung und den anderen Zeugnissen und
Dokumenten wie dem Sechsjahresvertrag zu zeigen,
daß sie die Batinetis *(so heißt das umstrittene Land)*
von Anfang an besessen hätten. Die geben zu, daß
später, als Lygdamis *(der König der Kimmerier, im
7. Jahrh. v. Chr.)* mit seinem Heer in Ionien einbrach,
alle das Land verlassen und die Samier sich auf ihre
Insel zurückgezogen hätten. Lygdamis habe das Land
drei (?) Jahre besetzt, dann aber den alten Besitz

τοὺς δὲ Πριηνέας παρειληφέναι, Σαμίων δὲ οὐθένα πα
ραγενέσθαι παντελῶς τότε πλὴν εἴ τις ἐτύγχανεν παρ'
αὐτοῖς κατοικῶν· τοῦτον δὲ τῶν ἀγρῶν τὸ γινόμενον
προσενέγκασθαι Πριηνεῦσιν. ὕστερον δὲ ὑποστρέψαντας
μετὰ βίας Σαμίους παρελέσθαι τὴν χώραν. ἀποσταλῆναι
οὖν παρὰ τῶν Πριηνέων Βίαντα περὶ διαλύσεων τοῖς
Σαμίοις αὐτοκράτορα· τοῦτον δὲ διαλῦσαί τε τὰς πόλεις
καὶ τοὺς οἰκοῦντας ἀποχωρῆσαι τῆς Βατινήτιδος χώρας.

Aus einem Brief des Königs Lysimachos an die Samier vom
Jahre 283/82 v. Chr.

Βίας ἦν δεινότατος καὶ τῷ λόγῳ πρωτεύων τῶν καθ'
ἑαυτόν. κατεχρήσατο δὲ τῇ τοῦ λέγειν δυνάμει πολλοῖς
ἀνάπαλιν· οὐ γὰρ εἰς μισθαρνίαν οὐδὲ εἰς προσόδους,
ἀλλ' εἰς τὴν τῶν ἀδικουμένων κατετίθετο βοήθειαν.
ὅπερ ἂν σπανιώτατόν τις εὕροι.

Diodor 9, 13, 3 (vgl. Diog. L. 1, 84).

6.
ΚΛΕΟΒΟΥΛΟΣ

Κλεόβουλος Εὐαγόρου Λίνδιος.

Diogenes Laërtios 1, 89.

7.
ΠΕΡΙΑΝΔΡΟΣ

Περίανδρος ὁ Κυψέλου υἱὸς τοῦ βασιλέως Κορίνθου
τὴν βασιλείαν παρὰ τοῦ πατρὸς κατὰ πρεσβεῖον παρα
λαμβάνει καὶ τὴν ἀρχὴν εἰς τυραννίδα μετέστησε καὶ
δορυφόρους εἶχε τριακοσίους. καὶ οὐκ εἴα ἐν ἄστει ζῆν
τοὺς βουλομένους ἐκώλυέ τε τοὺς πολίτας δούλους κτᾶσ
θαι καὶ σχολὴν ἄγειν, ἀεί τινα αὐτοῖς ἔργα ἐξευρίσκων.
εἰ δέ τις ἐπὶ τῆς ἀγορᾶς καθέζοιτο, ἐζημίου. τὴν δὲ
τρυφὴν ὅλως περιεῖλε. μέτριος δὲ ἦν ἐν ἄλλοις τῷ τε μη-

zurückgegeben. Die Priener hätten ihn übernommen, von den Samiern sei aber keiner dort gewesen, höchstens als Katöke *(Fremder)* bei ihnen; der habe dann aber den Ertrag seines Landes nach Priene geliefert. Später seien die Samier zurückgekommen und hätten das Land gewaltsam an sich genommen. Da sei Bias von den Prienern mit der Vollmacht, einen Vertrag zu schließen, nach Samos gesandt, und der habe den Vertrag zwischen den beiden Städten abgeschlossen, und die *samischen* Siedler hätten die Batinetis verlassen.

Bias war überaus fähig und im Reden der Erste seiner Zeit. Er nutzte aber seine Redekraft anders als die meisten: nicht zum Lohnerwerb noch wegen der Einkünfte, sondern aus Sorge, denen zu helfen, die Unrecht erlitten, — was man sehr selten finden kann.

6.
KLEOBULOS, *Zeit unbestimmt*

Kleobulos, der Sohn des Euagoras, aus Lindos *auf Rhodos.*

7.
PERIANDER, *regiert etwa 600—560*

Periander, der Sohn des Kypselos, des Königs von Korinth, übernahm das Königtum von seinem Vater als ältester Sohn. Er verwandelte die Herrschaft in eine Tyrannis und hatte eine Leibwache von 300 Speerträgern. Er erlaubte nicht jedem, der wollte, in der Stadt zu leben. Er verbot den Bürgern Sklaven zu erwerben und müßig zu gehen, und fand ihnen immer irgendwelche Arbeit. Wenn jemand auf dem Markt herumsaß, bestrafte er ihn. Den Luxus beseitigte er

δένα τέλος πράσσεσθαι ἀρχεῖσθαί τε τοῖς ἀπὸ τῆς ἀγορᾶς καὶ τῶν λιμένων, καὶ τῷ μήτε ἄδικος μήτε ὑβριστὴς
εἶναι, μισοπόνηρος δέ, τὰς προαγωγοὺς πάσας κατεπόν-
τισε. βουλὴν δὲ ἐπ' ἐσχάτων κατέστησεν, οἳ οὐκ ἐφίεσαν
δαπανᾶν πλέον ἢ κατὰ τὰς προσόδους.

Ephoros (FGrHist. 70 F 179) und Aristoteles-Exzerpte des
Herakleides (FHG. II 212 fr. 5).

Ἐτυράννευε δὲ ὁ Περίανδρος Κορίνθου· τῷ δὴ λέγουσι Κορίνθιοι, ὁμολογέουσι δέ σφι Λέσβιοι, ἐν τῷ
βίῳ θῶμα μέγιστον παραστῆναι, Ἀρίονα τὸν Μηθυ-
μναῖον ἐπὶ δελφῖνος ἐξενειχθέντα ἐπὶ Ταίναρον, ἐόντα
κιθαρῳδὸν τῶν τότε ἐόντων οὐδενὸς δεύτερον, καὶ δι-
θύραμβον πρῶτον ἀνθρώπων τῶν ἡμεῖς ἴδμεν ποιήσαν-
τά τε καὶ ὀνομάσαντα καὶ διδάξαντα ἐν Κορίνθῳ. τοῦτον
τὸν Ἀρίονα λέγουσι τὸν πολλὸν τοῦ χρόνου διατρίβοντα
παρὰ Περιάνδρῳ ἐπιθυμῆσαι πλῶσαι ἐς Ἰταλίην τε καὶ
Σικελίην.

Herodot 1, 23.

Μυτιληναίους δὲ καὶ Ἀθηναίους κατήλλαξε Περίανδρος ὁ Κυψέλου· τούτῳ γὰρ διαιτητῇ ἐπετράποντο·
κατήλλαξε δὲ ὧδε, νέμεσθαι ἑκατέρους τὴν ἔχουσι.
Σίγειον μέν νυν οὕτω ἐγένετο ὑπ' Ἀθηναίοισι.

Herodot 5, 95.

Τενέδιοι ἔναγχος (μάρτυρι ἐχρήσαντο) Περιάνδρῳ
τῷ Κορινθίῳ πρὸς Σιγειεῖς.

Aristoteles, Rhetorik 1, 15, 13, 1375 b.

Ἤθελε δὲ καὶ τὸν Ἰσθμὸν διορύξαι.

Diogenes Laërtios 1, 99.

28

ganz. Sonst war er maßvoll und zog keine Steuern ein, sondern begnügte sich mit den Markt- und Hafenzöllen; auch war er gerecht und erlaubte sich keine Übergriffe, haßte aber das Schlechte und warf alle Kupplerinnen ins Meer. Schließlich richtete er einen Rat ein, der nicht zuließ, daß man mehr als die Einkünfte ausgab.

Periander war Tyrann von Korinth. Die Korinther erzählen — und die Lesbier bestätigen das —, ihm sei im Leben das größte Wunder geschehen, als Arion aus Methymna *(auf Lesbos)* auf einem Delphin an Land getragen sei zum Kap Tainaros; der war der hervorragendste Kithara-Sänger jener Zeit und hat als erster aller Menschen, die wir kennen, einen Dithyrambos gedichtet und benannt und in Korinth aufgeführt. Dieser Arion, so erzählt man, weilte die längste Zeit bei Periander; dann wollte er aber nach Italien und Sizilien fahren. *(Es folgt die Geschichte von Arion und den Räubern, die bei uns vor allem durch A. W. Schlegels Gedicht bekannt ist.)*

Die Mytilener und Athener, *die unter Pittakos und Phrynon um Sigeion kämpften (s. oben S. 20),* versöhnte Periander, der Sohn des Kypselos; denn sie hatten sich an ihn als Schiedsrichter gewandt. Er versöhnte sie aber so, daß jeder behalten sollte, was er hätte. So kam Sigeion in den Besitz der Athener.

Die Leute von Tenedos holten sich Periander als Zeugen und Schiedsrichter gegen die Bewohner von Sigeion.

Er hatte auch den Plan, den Isthmos *von Korinth* zu durchstechen.

Frühe Legenden

Diese Nachrichten zeigen die Sieben Weisen tätig in der großen Welt. Aber sie sind nicht 'gottentsprossene' Könige wie die Helden der epischen Dichtung — nur Periander ist Königssohn —, aber auch nicht Krieger wie die alten Könige — nur Pittakos ist durch Gewalt zur Herrschaft gekommen —, sondern die meisten von ihnen haben durch geistige Überlegenheit ihre Stellung gewonnen; und zwar sind sie die ersten in Griechenland, denen das möglich war, und eben deswegen haben sie sich dem Gedächtnis der Zeitgenossen eingeprägt. Sie wirken für die Ordnung der menschlichen Gemeinschaft, vornehmlich als Gesetzgeber, Schiedsrichter und Ratgeber; sie sind mächtig nicht durch Waffen, sondern durch ihr Wort und vertreten damit Kraft und Würde des Geistes. Sie handeln weder dumpf noch fanatisch, sondern weise, d. h. sie überblicken, was vor ihnen liegt.

Sie stehen auf der Scheide zwischen der Zeit, die über die Einzelperson nur mythenhafte Nachrichten kennt, und der voll geschichtlichen Zeit. Dies Zeitalter der „Novelle", wie man es mit Recht genannt hat, sah den Menschen schon in den profanen Bezügen des politischen und wirtschaftlichen Lebens, fühlte sich aber von dem Außerordentlichen und Erstaunlichen noch überstark angesprochen.

Nur über Solon ließe sich noch beträchtlich mehr an geschichtlich Zuverlässigem beibringen. Für die anderen Weisen ist alles Weitere, das wir von ihnen hören, Erfindung, Legende, ohne historische Wahrheit. Doch ist es darum nicht ohne geschichtlichen Wert. Denn wenn es uns auch nichts über die Sieben Weisen lehrt, so ist es doch charakteristisch für die, die von den Weisen erzählen: man stellte die Sieben so hoch über den Alltag,

daß die Lebenden ein Ideal aufweisen, und so zeigt die Entwicklung dieser Legenden, wie sich im Lauf der Zeit ein bestimmtes Ideal wandelt. Und zwar hat gerade das Ideal der Weisheit am geschichtlichen Prozeß viel stärkeren Anteil als etwa das Ideal der Frömmigkeit, das sich im Heiligen, oder das Ideal der Tapferkeit, das sich im Helden verkörpert. Denn geschichtliche Entwicklung ist nicht zuletzt Wandel im Wissen und Denken, und so führt der Wandel im Ideal der Weisheit tief in das Innerste der Geistesgeschichte. Wenn also den Griechen gerade die Weisen als große Menschen galten, so ist ihr Gestaltwandel bei den Späteren ein bedeutsamer und reizvoller geschichtlicher Vorwurf.

Die ältesten Zeugnisse über die Sieben Weisen sind durchaus noch nicht einheitlich lobend. Bei Periander etwa stehen in der zweiten Hälfte des 5. Jahrhunderts, wie wir bei Herodot sehen, freundliche Beurteiler, die den Weisen in ihm sehen, sehr unfreundlichen gegenüber, die ihn entsprechend den demokratischen Tendenzen des 5. Jahrhunderts als grausamen Tyrannen schildern. (Diese Zeugnisse haben hier übrigens keinen Platz, da sie das Bild des Weisen nichts angehen.) Vollends bei Pittakos sind die best-beglaubigten Zeugnisse die Haßgedichte seines politischen Feindes Alkaios, und über den weisen Kleobulos ist das älteste, was wir über ihn hören, er sei ein Tor gewesen.

Die ältesten Legenden haben zum Teil volkstümlichen Charakter, und da uns Volkstümliches aus Griechenland nur sehr wenig erhalten ist, wird die Legende von den Sieben Weisen uns eine der wichtigsten Quellen dafür. Zumal die beiden echten Volkslieder, die sich an die Namen Pittakos und Kleobulos gehängt haben und dadurch auf uns gekommen sind, sind seltene Perlen. Dem Kleobulos vor allem (und seiner Tochter Kleobuline) wurden solche volkstümlichen Dinge zugeschrieben. Von einem primitiv-epischen „Gastmahl der Sieben Weisen" besitzen wir noch geringe Reste (s. u. S. 64).

ΘΑΛΗΣ ΚΑΙ ΒΙΑΣ

Κεκακωμένων δὲ Ἰώνων καὶ συλλεγομένων οὐδὲν ἧσσον ἐς τὸ Πανιώνιον, πυνθάνομαι γνώμην Βίαντα ἄνδρα Πριηνέα ἀποδέξασθαι Ἴωσι χρησιμωτάτην, τῇ εἰ ἐπείθοντο, παρεῖχε ἄν σφι εὐδαιμονέειν Ἑλλήνων μάλιστα· ὃς ἐκέλευε κοινῷ στόλῳ Ἴωνας ἀερθέντας πλέειν ἐς Σαρδὼ καὶ ἔπειτα πόλιν μίαν κτίζειν πάντων Ἰώνων, καὶ οὕτω ἀπαλλαχθέντας σφέας δουλοσύνης εὐδαιμονήσειν, νήσων τε ἀπασέων μεγίστην νεμομένους καὶ ἄρχοντας ἄλλων· μένουσι δέ σφι ἐν τῇ Ἰωνίῃ οὐκ ἔφη ἐνορᾶν ἐλευθερίην ἔτι ἐσομένην. αὕτη μὲν Βίαντος τοῦ Πριηνέος γνώμη ἐπὶ διεφθαρμένοισι Ἴωσι γενομένη, χρηστὴ δὲ καὶ πρὶν ἢ διαφθαρῆναι Ἰωνίην Θαλέω ἀνδρὸς Μιλησίου ἐγένετο, τὸ ἀνέκαθεν γένος ἐόντος Φοίνικος, ὃς ἐκέλευε ἓν βουλευτήριον Ἴωνας ἐκτῆσθαι, τὸ δὲ εἶναι ἐν Τέῳ (Τέων γὰρ μέσον εἶναι Ἰωνίης), τὰς δὲ ἄλλας πόλιας οἰκεομένας μηδὲν ἧσσον νομίζεσθαι κατά περ εἰ δῆμοι εἶεν.

Herodot 1, 170.

ΣΟΛΩΝ

. . . καί τινα εἰπεῖν τῶν ἱερέων εὖ μάλα παλαιόν· Ὦ Σόλων, Σόλων, Ἕλληνες ἀεὶ παῖδές ἐστε, γέρων δὲ Ἕλλην οὐκ ἔστιν.

Platon, Timaios 22 Β.

ΧΙΛΩΝ

Ἱπποκράτει γὰρ ἐόντι ἰδιώτῃ καὶ θεωρέοντι τὰ Ὀλύμπια τέρας ἐγένετο μέγα· θύσαντος γὰρ αὐτοῦ τὰ ἱρὰ οἱ λέβητες ἐπεστεῶτες καὶ κρεῶν τε ἐόντες ἔμπλεοι καὶ ὕδατος ἄνευ πυρὸς ἔζεσαν καὶ ὑπερέβαλον. Χίλων δὲ ὁ

THALES UND BIAS

Als die Ionier so ins Unglück geraten waren, *nämlich von Kyros unterworfen, um 545 v. Chr.*, versammelten sie sich trotzdem in dem allionischen Heiligtum *bei Ephesos*. Wie ich höre, gab Bias von Priene dort den Ioniern einen sehr guten Rat; wenn sie dem gefolgt wären, hätte er ihnen dazu verholfen, unter den Griechen im größten Segen zu leben. Er forderte die Ionier auf, sie sollten zusammen in See gehen, nach Sardinien fahren und dann eine einzige Stadt aller Ionier gründen. So würden sie freikommen von der Knechtschaft und ein gesegnetes Leben führen, im Besitz der größten aller Inseln, als Herren über andere. Blieben sie aber in Ionien, so sähe er keine Freiheit mehr für sie. Dies war der Rat des Bias von Priene an die Ionier, da sie schon verloren waren. Gut war aber auch, noch ehe Ionien verloren war, der Rat des Thales aus Milet (von weiterer Abstammung war er Phoiniker); er forderte die Ionier auf, einen einheitlichen Rat zu bilden; der sollte in Teos sein, denn Teos sei die Mitte von Ionien; ihre anderen Städte aber sollten trotzdem nach ihren Gesetzen wie selbständige Gemeinden verwaltet werden.

SOLON

... ein hochbetagter *ägyptischer* Priester sprach zu ihm: 'O Solon, Solon, ihr Griechen bleibt immer Kinder; einen greisen Griechen gibt es nicht.'

CHILON

Dem Hippokrates, einem Privatmann aus *Athen*, der als Zuschauer zu den olympischen Spielen gekommen war, geschah ein großes Zeichen: Als er opferte, fingen die Kessel, die voll Fleisch und Wasser dastanden, ohne Feuer an zu sieden und überzukochen. Chi-

Λακεδαιμόνιος παρατυχὼν καὶ θεησάμενος τὸ τέρας
συνεβούλευε Ἱπποκράτει πρῶτα μὲν γυναῖκα μὴ ἄγεσ
θαι τεκνοποιὸν ἐς τὰ οἰκία, εἰ δὲ τυγχάνει ἔχων, δεύτερα
τὴν γυναῖκα ἐκπέμπειν, καὶ εἴ τίς οἱ τυγχάνει ἐὼν παῖς,
τοῦτον ἀπείπασθαι. οὐκ ὦν ταῦτα παραινέσαντος Χίλωνος πείθεσθαι θέλειν Ἱπποκράτεα· γενέσθαι οἱ μετὰ
ταῦτα τὸν Πεισίστρατον.

Herodot 1, 59.

Χίλων δὲ ὁ Λάκων ἐφορεύσας καὶ στρατηγήσας Ἀνα-
ξανδρίδης τε τὰς ἐν τοῖς Ἕλλησιν τυραννίδας κατέλυ-
σαν. ἐν Σικύωνι μὲν Αἰσχίνην, Ἱππίαν δὲ [Ἀθήνησιν?
Πεισιστ[ρατ – –

FGrHist 105, 1 (P. Ryland 18, ca. 150 v. Chr.; Pack²
2177), vielleicht Schrift über die 7 Weisen.

Ἔστι δὲ ἐπ᾽ αὐτῇ (sc. τῇ Λακαίνῃ χώρᾳ) νῆσος ἐπι-
κειμένη τῇ οὔνομά ἐστι Κύθηρα, τὴν Χίλων ἀνὴρ παρ᾽
ἡμῖν σοφώτατος γενόμενος κέρδος μέζον ἔφη εἶναι
Σπαρτιήτῃσι κατὰ τῆς θαλάσσης καταδεδυκέναι μᾶλλον
ἢ ὑπερέχειν, αἰεί τι προσδοκῶν ἀπ᾽ αὐτῆς (ἔσεσθαι μέγα
κακόν).

Herodot 7, 235, 2.

Βραχυλόγος ἦν· ὅθεν καὶ Ἀρισταγόρας ὁ Μιλήσιος
τοῦτον τὸν τρόπον Χιλώνειον καλεῖ . . . ἐτελεύτησε δ᾽,
ὥς φησιν Ἕρμιππος, ἐν Πίσῃ, τὸν υἱὸν Ὀλυμπιονίκην
ἀσπασάμενος πυγμῆς. ἔπαθε δὲ τοῦτο ὑπερβολῇ τε
χαρᾶς καὶ ἀσθενείᾳ πολυετίας· καὶ αὐτὸν πάντες οἱ
κατὰ τὴν πανήγυριν ἐντιμότατα παρέπεμψαν.

Diogenes Laërtios 1, 72.

lon aus Lakedaimon, der dabei war und das Zeichen sah, riet dem Hippokrates für den einen Fall, kein fruchtbares Weib heimzuführen; wenn er aber schon eins habe, es fortzusenden, wenn er aber einen Sohn habe, sich von ihm loszusagen. Diesem Rat des Chilon habe Hippokrates jedoch nicht folgen wollen. Später sei ihm dann Peisistratos geboren, *der Tyrann in Athen wurde.*

Chilon der Lakone, der Ephor und Feldherr geworden war, und Anaxandrides beseitigten das Tyrannentum bei den Griechen. In Sikyon den Aischines, den Hippias [in Athen?] ... Peisistratos ...

Es liegt vor dem Lande der Lakedaimonier eine Insel, die heißt Kythera. Von der sagte Chilon, der bei uns, *den Spartanern,* der Weiseste war, daß sie für die Spartaner wertvoller sei, wenn sie im Meer versunken als wenn sie vorhanden wäre, da er immer erwarte, daß von ihr ein großes Unglück komme. *Die Insel wurde 456 und 424 von den Athenern besetzt.*

Er liebte kurze Rede. Deswegen bezeichnet Aristagoras von Milet die Prägnanz als Chilonische Art. Er starb, wie Hermipp erzählt, in Pisa *(Olympia),* als er seinen Sohn beglückwünschte, der im olympischen Faustkampf gesiegt hatte. Das tat die übergroße Freude und die Schwäche des hohen Alters. Alle Festteilnehmer gaben ihm das ehrenvollste Geleit.

ΠΙΤΤΑΚΟΣ

Ἐγὼ γάρ, εἶπε, τῆς ξένης ἤκουον ᾀδούσης πρὸς τὴν
μύλην, ἐν Ἐρέσῳ γενόμενος·
ἄλει, μύλα, ἄλει·
καὶ γὰρ Πιττακὸς ἄλει
μεγάλας Μυτιλάνας βασιλεύων.

Plutarch, Gastmahl der Sieben Weisen 14, 157 D.

Περίανδρος ὁ Κορινθίων δυνάστης κατ' ἀρχὰς δημο-
τικὸς ὢν ὕστερον εἰς τὸ τύραννος εἶναι μετῆλθεν. τοῦτο
Πιττακὸν ἀκούσαντα, τότε Μυτιληναίων δυναστεύοντα,
καὶ δείσαντα περὶ τῆς ἑαυτοῦ γνώμης καθίσαι τε ἐπὶ
τὸν βωμὸν ἱκέτην καὶ ἀπολυθῆναι τῆς ἀρχῆς ἀξιοῦν.
τῶν δὲ Μυτιληναίων πυνθανομένων τὴν αἰτίαν, εἰπεῖν
τὸν Πιττακὸν ὡς Χαλεπὸν ἐσθλὸν ἔμμεναι. τοῦτο δὲ
μαθόντα Σόλωνα εἰπεῖν· Χαλεπὰ τὰ καλά.

Schol. Platon, Großer Hippias 304 e; vgl. Zenob. VI 38.

ΒΙΑΣ

Λέγεται δὲ καὶ Ἀλυάττου πολιορκοῦντος Πριήνην
τὸν Βίαντα πιήναντα δύο ἡμιόνους ἐξελάσαι εἰς τὸ στρα-
τόπεδον· τὸν δὲ συνιδόντα καταπλαγῆναι τὸ μέχρι καὶ
ἀλόγων διατείνειν αὐτῶν τὴν εὐθενίαν. καὶ ἐβουλήθη
σπείσασθαι, καὶ εἰσέπεμψεν ἄγγελον. Βίας δὲ σωροὺς
ψάμμου χέας καὶ ἄνωθεν σῖτον περιχέας ἔδειξε τῷ ἀν-
θρώπῳ· καὶ τέλος μαθὼν ὁ Ἀλυάττης εἰρήνην ἐσπεί-
σατο πρὸς τοὺς Πριηνέας. τοῦτον οὖν καὶ ἐτελεύτα τὸν
τρόπον· δίκην γὰρ ὑπέρ τινος λέξας ἤδη ὑπεργήρως
ὑπάρχων μετὰ τὸ καταπαῦσαι τὸν λόγον ἀπέκλινε τὴν
κεφαλὴν εἰς τοὺς τοῦ τῆς θυγατρὸς υἱοῦ κόλπους. εἰπόντος δὲ καὶ τοῦ ἐξ ἐναντίας καὶ τῶν δικαστῶν τὴν ψῆφον

PITTAKOS

Ich hörte, sprach *Thales,* meine Wirtin zur Mühle
singen, als ich in Eresos *auf Lesbos* war:

„Mahle, Mühle, mahle.
Denn auch Pittakos mahlte,
der König im großen Mytilene."

Periander, der Herr über Korinth, war zuerst volks-
freundlich, ging aber später dazu über, Tyrann zu sein.
Als Pittakos das hörte, der damals über Mytilene
herrschte, fürchtete er wegen seiner eigenen Gesinnung
und so setzte er sich als Schutzflehender an den Altar
und bat, ihn von der Herrschaft zu befreien. Als die
Mytilenäer nach dem Grund fragten, sagte Pittakos:
'Es ist schwer, ein guter Mann zu sein.' Als Solon das
erfuhr, sagte er: 'Schwer ist das Schöne.'

BIAS

Man erzählte von ihm auch folgendes: Als Alyattes,
der bis 560 über Lydien regierte, Priene belagerte, mä-
stete Bias zwei Maulesel und trieb sie in das Lager.
Da der König die sah, erschrak er, daß die Vorräte
sogar noch für die Tiere ausreichten, und er entschloß
sich zu einem Vertrag und schickte einen Boten in die
Stadt. Bias schüttete einen Sandhaufen auf, schüttete oben Getreide darüber und zeigte das dem Mann.
Als Alyattes davon hörte, schloß er endlich Frieden
mit Priene. Auf folgende Weise fand er seinen Tod:
Als er, schon im hohen Alter, für jemanden vor Gericht gesprochen hatte, lehnte er nach der Rede seinen
Kopf auf den Schoß seines Enkels. Als nun auch der
Anwalt der Gegenpartei geredet hatte und die Richter

ἐνεγκότων τῷ ὑπὸ τοῦ Βίαντος βοηθουμένῳ, λυθέντος τοῦ δικαστηρίου, νεκρὸς ἐν τοῖς κόλποις εὑρέθη.

Diogenes Laërtios 1, 83 u. 84.

(Βίας) χαλεπώτερον εἶπεν εἶναι φίλους διαφερομένους διαιτῆσαι ἤπερ ἐχθρούς· τῶν μὲν γὰρ φίλων τὸν ἡττώμενον ἐχθρὸν γίνεσθαι, τῶν δὲ ἐχθρῶν τὸν νικήσαντα φίλον.

Gnomol. Vatic. 150 Sternbach.

ΚΛΕΟΒΟΥΛΟΣ

Καὶ τὸ ἐπίγραμμά τινες τὸ ἐπὶ Μίδα τοῦτόν φασι ποιῆσαι·

χαλκῆ παρθένος εἰμί, Μίδα δ' ἐπὶ σήματι κεῖμαι.
ἔστ' ἂν ὕδωρ τε νάῃ καὶ δένδρεα μακρὰ τεθήλῃ,
ἠέλιός δ' ἀνιὼν λάμπῃ, λαμπρά τε σελήνη,
καὶ ποταμοί γε ῥέωσιν, ἀνακλύζῃ δὲ θάλασσα,
αὐτοῦ τῇδε μένουσα πολυκλαύτῳ ἐπὶ τύμβῳ,
ἀγγελέω παριοῦσι, Μίδας ὅτι τῇδε τέθαπται.

φέρουσι δὲ μαρτύριον Σιμωνίδου ᾆσμα, ὅπου φησί·

τίς κεν αἰνήσειε νόῳ πίσυνος
Λίνδου ναέταν Κλεόβουλον
ἀενάοις ποταμοῖς
ἄνθεσί τ' εἰαρινοῖς
ἀελίου τε φλογὶ χρυσέας τε σελάνας
καὶ θαλασσαίαισι δίναις

38

zugunsten von Bias' Klienten abgestimmt hatten, und als das Gericht auseinander ging, fand man ihn tot auf dem Schoß des Enkels.

Bias sagte, es sei schwieriger, zwischen zerstrittenen Freunden zu vermitteln als zwischen Feinden: von den Freunden würde der Unterlegene (dem Vermittler) ein Feind, von den Feinden der Sieger ein Freund.

KLEOBULOS

Die Grabschrift auf Midas *(um 700 v. Chr.)*, sagen einige, hat Kleobulos gedichtet *(offenbar lag eine Bronze-Sphinx auf dem Grabe)*:

Mädchen aus Erz bin ich und lieg auf dem Grabe
     des Midas,
Und solange das Wasser noch quillt, die Bäume
     noch grünen,
Und der Mond noch aufgeht und scheint, und die
     Sonne noch leuchtet,
Und die Flüsse noch strömen, das Meer noch rauscht
     am Gestade,
Bleibe ich hier auf dem Hügel der vielbejammerten
     Stätte
Und verkünde den Wandrern: hier unten liegt
     Midas begraben.

Als Zeugnis dafür nennen sie das Gedicht des Simonides *(556—468 v. Chr.)*, wo er sagt:

Wer mag loben, der bei Verstand ist,
den Bewohner von Lindos, Kleobulos,
der den ewigströmenden Flüssen,
den Frühlingsblumen,
dem Feuer der Sonne und des goldenen Mondes
und den Meereswirbeln

ἀντία θέντα μένος στάλας;
ἅπαντα γὰρ ἐστι θεῶν ἥσσω · λίθον δὲ
καὶ βρότεοι παλάμαι θραύοντι · μωροῦ
φωτὸς ἅδε βουλά.

Diogenes Laërtios 1, 89 f. (Simonides fr. 48 Diehl).

Οὗτος ἐποίησεν ᾄσματα καὶ γρίφους εἰς ἔπη τρισχίλια.

Diogenes Laërtios 1, 89.

Φέρεται δὲ αὐτοῦ ἐν τοῖς Παμφίλης Ὑπομνήμασι καὶ
αἴνιγμα τοῖον ·
εἷς ὁ πατήρ, παῖδες δὲ δυώδεκα. τῶν δὲ ἑκάστῳ
παῖδες δὶς τριάκοντα διάνδιχα εἶδος ἔχουσαι ·
αἱ μὲν λευκαὶ ἔασιν ἰδεῖν, αἱ δ᾽ αὖτε μέλαιναι ·
ἀθάνατοι δέ τ᾽ ἐοῦσαι, ἀποφθινύθουσιν ἅπασαι.
ἔστι δὲ ὁ ἐνιαυτός.

Diogenes Laërtios 1, 90; Stobaios 1, 99, 15 W.

Εἶδος δέ τι τοῦ ἀγείρειν χελιδονίζειν Ῥόδιοι καλοῦσιν, ὃ γίνεται τῷ Βοηδρομιῶνι μηνί. χελιδονίζειν δὲ
λέγεται διὰ τὸ εἰωθὸς ἐπιφωνεῖσθαι ·

ἦλθ᾽ ἦλθε χελιδών
καλὰς ὥρας ἄγουσα
καὶ καλοὺς ἐνιαυτούς,
ἐπὶ γαστέρα λευκά
κἠπὶ νῶτα μέλαινα.
παλάθαν σὺ προκύκλει
ἐκ πίονος οἴκου
οἴνου τε δέπαστρον

entgegensetzt die Standhaftigkeit eines Bildwerks?
Denn dies alles unterliegt den Göttern. Einen
Stein aber
zerschlagen auch sterbliche Hände. Eines Toren
Gedanke ist das.

Er dichtete Lieder und Rätsel im Umfang von 3000
Hexametern.

In den 'Denkwürdigkeiten' von Pamphile wird folgendes Rätsel von ihm angeführt:

Vater ist einer, Söhne sind zwölf; von diesen hat
jeder
Zweimal dreißig an Töchtern, und alle sind zwie-
fach verschieden;
Denn die einen sind weiß, die anderen dunkel von
Farbe.
Zwar unsterblich sind alle, und schwinden doch alle
von hinnen.
Auflösung: das Jahr.

Eine Art von Kollektenlied nennen die Rhodier
'Schwalbensingen', das im September stattfindet.
'Schwalbensingen' heißt es wegen des herkömmlichen
Kehrreims:

Es kommt, es kommt die Schwalbe,
sie bringt die schöne Zeit
und die schönen Tage,
am Bauche weiß
und am Rücken schwarz.
Feigenbrot reich' hervor
aus dem reichen Hause
und Wein ein Gläschen

τυρῶν τε κάνυστρον.
καὶ πύρωνα χελιδών
καὶ λεκιθίταν
οὐκ ἀπωθεῖται.
πότερ᾽ ἀπίωμες ἢ λαβώμεθα;
εἰ μέν τι δώσεις· εἰ δὲ μή, οὐκ ἐάσομες,
ἢ τὰν θύραν φέρωμες ἢ τὸ ὑπέρθυρον
ἢ τὰν γυναῖκα τὰν ἔσω καθημέναν·
μικρὰ μέν ἐστι, ῥᾳδίως νιν οἴσομες.
ἂν δὴ φέρῃς τι,
μέγα δή τι φέροις.
ἄνοιγ᾽ ἄνοιγε τὰν θύραν χελιδόνι·
οὐ γὰρ γέροντές ἐσμεν, ἀλλὰ παιδία.

τὸν δὲ ἀγερμὸν τοῦτον κατέδειξε πρῶτος Κλεόβουλος ὁ Λίνδιος ἐν Λίνδῳ χρείας γενομένης συλλογῆς χρημάτων.

Theognis im 2. Buch der 'Rhodischen Feste' (FHG. IV 514 aus Athenaios 8, 360b).

und Käse ein Körbchen,
auch Weißbrot wird die Schwalbe
und Eierkuchen
nicht mißachten.
Sollen wir gehen oder uns was holen?
Nur wenn du gibst! Sonst lassen wir dich nicht!
Sonst holen wir die Tür oder den Türsturz
oder die Hausfrau, die drinnen sitzt!
Klein ist sie, leicht werden wir sie forttragen.
Wenn du also was bringst,
bring also was Großes!
Mach auf, mach auf die Tür der Schwalbe!
Denn wir sind keine Greise, sondern Kinderlein.

Dies Currende-Singen richtete Kleobulos von Lindos
zuerst ein, als es in Lindos einmal nötig geworden war,
Geld einzusammeln.

Die Weisen bei Kroisos

Die Sieben Weisen lebten in einer Zeit, als die Griechen noch viel vom Orient lernten. So wird glaubhaft erzählt, daß Thales von den Ägyptern Mathematik gelernt habe (s. o. S. 16), daß Solon 'um die Welt zu sehen' nach Asien gereist sei (s. o. S. 32 und u. S. 48), und es ist verständlich, daß die Legende diese Beziehungen zur Wunderwelt des Ostens ausspann.

Früh schon sind die Sieben Weisen mit dem König Kroisos in Verbindung gebracht, der 560 bis 546 v. Chr. über Lydien herrschte. Den chronologischen Verhältnissen entspricht es besser, wenn Thales und Bias gelegentlich mit dem Vorgänger des Kroisos, dem König Alyattes, verknüpft werden (s. o. S. 16 und 36). Aber Kroisos, der nahe Beziehungen zu Delphi unterhielt, war den

*Griechen sehr viel bekannter und ist in ihrer Phantasie
der östliche König schlechthin. Wenn in diesen Geschichten, die sehr zahlreich gewesen sein müssen, die weisen
Griechen dem orientalischen Machthaber überlegen gegen-
übertraten, so zeigt sich darin, was die Griechen dieser
Frühzeit für griechisch hielten und was für asiatisch.
Der alten orientalischen Kultur gegenüber mit ihrer
Pracht, Weiträumigkeit und Macht, all dem gegenüber,
was dazu angetan war, den Griechen zu imponieren, ge-
wannen sie in dieser Frühzeit ein Gefühl der Überlegenheit im Besitz ihrer neu erworbenen geistigen Güter : vor
dieser Großartigkeit konnten sie sich behaupten mit wei-
sem Rat oder mit Witz. Gerade an diesen Geschichten
haben sich offenbar griechisches Nationalbewußtsein und
griechischer Stolz mitentwickelt.*

*Dies Motiv ist wesentlich vertieft in der Geschichte von
Solon und Kroisos, die Herodot klug und liebevoll aus-
gesponnen hat. Hier ist es nicht nur Geist und Witz,
was den Griechen unterscheidet von dem orientalischen
Herrscher, sondern, was nicht in erster Linie die Weisen
angeht, wohl aber wieder den Lehren des delphischen
Apoll entspricht, auch die Schlichtheit. Es gibt die sicher
alte Geschichte, daß der König Gyges (oder Kroisos) das
Orakel in Delphi fragt, wer der Glücklichste sei, und der
Gott antwortet: Aglaos von Psophis; ihn findet dann
Gyges als armen, frommen Bauern. In ähnlichen Geschichten rühmt der delphische Gott auch sonst die
schlichte Einfalt. Diese Schlichtheit vereint sich in Hero-
dots Geschichte mit der Klugheit zur σωφροσύνη, dieser
Kardinaltugend der griechischen Klassik, der maßvollen
Besonnenheit, der Einsicht in die Bedingtheit alles
Menschlichen, der Bescheidenheit vor dem Göttlichen.
Was in den Sprüchen der Sieben Weisen schon früh
ausgeprägt ist, erhält hier sein volles Relief durch die
reiche Erzählung, die den Gegensatz zwischen dem orientalischen König und dem griechischen Weisen plastisch
hervortreten läßt.*

ΒΙΑΣ Η ΠΙΤΤΑΚΟΣ

Ὡς δὲ ἄρα οἱ ἐν τῇ Ἀσίῃ Ἕλληνες κατεστράφατο ἐς φόρου ἀπαγωγήν, τὸ ἐνθεῦτεν ἐπενόεε νέας ποιησάμενος ἐπιχειρέειν τοῖσι νησιώτῃσι. ἐόντων δέ οἱ πάντων ἐτοίμων ἐς τὴν ναυπηγίην, οἱ μὲν Βίαντα λέγουσι τὸν Πριηνέα ἀπικόμενον ἐς Σάρδις, οἱ δὲ Πιττακὸν τὸν Μυτιληναῖον, εἰρομένου Κροίσου εἴ τι εἴη νεώτερον περὶ τὴν Ἑλλάδα, εἰπόντα τάδε καταπαῦσαι τὴν ναυπηγίην· Ὦ βασιλεῦ, νησιῶται ἵππον συνωνέονται μυρίην, ἐς Σάρδις τε καὶ ἐπὶ σὲ ἐν νόῳ ἔχοντες στρατεύεσθαι. Κροῖσον δὲ ἐλπίσαντα λέγειν ἐκεῖνον ἀληθέα εἰπεῖν· Αἲ γὰρ τοῦτο θεοὶ ποιήσειαν ἐπὶ νόον νησιώτῃσι, ἐλθεῖν ἐπὶ Λυδῶν παῖδας σὺν ἵπποισι. τὸν δὲ ὑπολαβόντα φάναι· Ὦ βασιλεῦ, προθύμως μοι φαίνεαι εὔξασθαι νησιώτας ἱππευομένους λαβεῖν ἐν ἠπείρῳ, οἰκότα ἐλπίζων· νησιώτας δὲ τί δοκέεις εὔχεσθαι ἄλλο ἤ, ἐπείτε τάχιστα ἐπύθοντό σε μέλλοντα ἐπὶ σφίσι ναυπηγέεσθαι νέας, λαβεῖν ἀρώμενοι Λυδοὺς ἐν θαλάσσῃ, ἵνα ὑπὲρ τῶν ἐν τῇ ἠπείρῳ οἰκημένων Ἑλλήνων τείσωνταί σε, τοὺς σὺ δουλώσας ἔχεις; κάρτα τε ἡσθῆναι Κροῖσον τῷ ἐπιλόγῳ καί οἱ, προσφυέως γὰρ δόξαι λέγειν, πειθόμενον παύσασθαι τῆς ναυπηγίης. καὶ οὕτω τοῖσι τὰς νήσους οἰκημένοισι Ἴωσι ξεινίην συνεθήκατο.

Herodot 1, 27.

ΘΑΛΗΣ

Ὡς δὲ ἀπίκετο ἐπὶ τὸν Ἅλυν ποταμὸν ὁ Κροῖσος, τὸ ἐνθεῦτεν, ὡς μὲν ἐγὼ λέγω, κατὰ τὰς ἐούσας γεφύρας διεβίβασε τὸν στρατόν, ὡς δὲ ὁ πολλὸς λόγος Ἑλλήνων, Θαλῆς οἱ ὁ Μιλήσιος διεβίβασε. ἀπορέοντος γὰρ Κροίσου ὅκως οἱ διαβήσεται τὸν ποταμὸν ὁ στρατός (οὐ γὰρ

BIAS ODER PITTAKOS

Als die Griechen Kleinasiens unterworfen waren und
Tribut zahlten, dachte Kroisos weiter, Schiffe zu
bauen, um gegen die Insel-Griechen zu ziehen. Schon
war alles bereit zum Schiffbau, da kam, wie die einen
sagen, Bias aus Priene nach Sardes, nach anderen
Pittakos aus Mytilene. Als Kroisos ihn fragte, was es
Neues gebe über Griechenland, soll er mit folgender
Antwort dem Schiffbau ein Ende gesetzt haben: ,,Mein
König, die Inselbewohner werben Reiter zu Tausen-
den und haben im Sinn, nach Sardes gegen dich ins
Feld zu gehen." Da hoffte Kroisos, er sage die Wahrheit, und sprach: ,,Gäben dies doch die Götter den
Inselbewohnern in den Sinn, wider die Söhne der Lyder
zu ziehen mit Reiterei." Der aber nahm das Wort und
sagte: ,,Mein König, ich sehe, du wünschst von Herzen, die Inselbewohner zu Pferd auf dem Festland zu
erwischen, und es ist verständlich, daß du dies hoffst.
Was aber, meinst du, werden die Inselbewohner sich
anderes wünschen, sobald sie erfahren, daß du gegen
sie Schiffe bauen willst, als dies — und sie werden
darum beten —, daß sie die Lyder auf dem Meere erwischen, um für die Griechen des asiatischen Festlands
Rache zu nehmen an dir, da du sie in Knechtschaft
gebracht hast." Sehr soll sich Kroisos über diesen
Schluß gefreut haben, und er folgte ihm, denn er fand
dies ein passendes Wort, und ließ ab vom Schiffbau.
Und so schloß er mit den Ioniern auf den Inseln einen
Bund.

THALES

Als Kroisos zum Fluß Halys kam, brachte er sein
Heer auf den vorhandenen Brücken hinüber; so meine
ich jedenfalls. Nach der gewöhnlichen Sage der Griechen half aber Thales aus Milet ihnen hinüber. Denn
als Kroisos nicht wußte, wie das Heer über den Fluß
käme (denn die Brücken hätten damals noch nicht

δὴ εἶναί κω τοῦτον τὸν χρόνον τὰς γεφύρας ταύτας)
λέγεται παρεόντα τὸν Θαλῆν ἐν τῷ στρατοπέδῳ ποιῆσαι
αὐτῷ τὸν ποταμὸν ἐξ ἀριστερῆς χειρὸς ῥέοντα τοῦ
στρατοῦ καὶ ἐκ δεξιῆς ῥέειν, ποιῆσαι δὲ ὧδε· ἄνωθεν
τοῦ στρατοπέδου ἀρξάμενον διώρυχα βαθέαν ὀρύσσειν,
ἄγοντα μηνοειδέα, ὅκως ἂν τὸ στρατόπεδον ἱδρυμένον
κατὰ νώτου λάβοι ταύτῃ κατὰ τὴν διώρυχα ἐκτραπόμε-
νος ἐκ τῶν ἀρχαίων ῥεέθρων καὶ αὖτις παραμειβόμενος
τὸ στρατόπεδον ἐς τὰ ἀρχαῖα ἐσβάλλοι, ὥστε ἐπείτε καὶ
ἐσχίσθη τάχιστα ὁ ποταμός, ἀμφοτέρῃ διαβατὸς ἐγένετο. οἱ δὲ καὶ τὸ παράπαν λέγουσι καὶ τὸ ἀρχαῖον
ῥέεθρον ἀποξηρανθῆναι. ἀλλὰ τοῦτο μὲν οὐδὲ προσίε-
μαι· κῶς γὰρ ὀπίσω πορευόμενοι διέβησαν ἂν αὐτόν;
Herodot 1, 75, 3.

ΣΟΛΩΝ

Κατεστραμμένων δὲ τούτων καὶ προσεπικτωμένου
Κροίσου Λυδοῖσι, ἀπικνέονται ἐς Σάρδις ἀκμαζούσας
πλούτῳ ἄλλοι τε οἱ πάντες ἐκ τῆς Ἑλλάδος σοφισταί,
οἳ τοῦτον τὸν χρόνον ἐτύγχανον ἐόντες, ὡς ἕκαστος
αὐτῶν ἀπικνέοιτο, καὶ δὴ καὶ Σόλων ἀνὴρ Ἀθηναῖος,
ὃς Ἀθηναίοισι νόμους κελεύσασι ποιήσας ἀπεδήμησε
ἔτεα δέκα, κατὰ θεωρίης πρόφασιν ἐκπλώσας, ἵνα δὴ
μή τινα τῶν νόμων ἀναγκασθῇ λῦσαι τῶν ἔθετο. αὐτοὶ
γὰρ οὐκ οἷοί τε ἦσαν αὐτὸ ποιῆσαι Ἀθηναῖοι· ὁρκίοισι
γὰρ μεγάλοισι κατείχοντο δέκα ἔτεα χρήσεσθαι νό-
μοισι τοὺς ἄν σφι Σόλων θῆται. αὐτῶν δὴ ὦν τούτων
καὶ τῆς θεωρίης ἐκδημήσας ὁ Σόλων εἵνεκεν ἐς Αἴγυπτον ἀπίκετο παρὰ Ἄμασιν καὶ δὴ καὶ ἐς Σάρδις παρὰ
Κροῖσον. ἀπικόμενος δὲ ἐξεινίζετο ἐν τοῖσι βασιληίοισι
ὑπὸ τοῦ Κροίσου· μετὰ δέ, ἡμέρῃ τρίτῃ ἢ τετάρτῃ,

gestanden), habe Thales, heißt es, der damals im Lager war, es zuwege gebracht, daß der Strom, der zur Linken des Heeres war, auch zur Rechten floß; auf folgende Weise soll er dies fertig gebracht haben: von einem Punkt oberhalb des Lagers aus grub er einen tiefen Kanal, führte ihn mondförmig so, daß er das Lager im Rücken umfaßte, und der Fluß, aus seinem alten Strom in den Kanal abgeleitet, am Lager vorbei in das alte Bett einmündete. Sobald der Fluß geteilt war, wurde er auf beiden Seiten passierbar. Andere sagen gar, das alte Bett sei gänzlich ausgetrocknet. Allein das kann ich nicht zugeben. Denn wie wären sie dann auf dem Rückzug hinübergekommen?

SOLON

Als Kroisos fast ganz Kleinasien unterworfen und dem lydischen Reich hinzuerworben hatte, kam nach Sardes, das jetzt die blühende und reiche Hauptstadt war, die ganze Zahl der griechischen Weisen, die damals gerade lebten, und zwar jeder für sich, darunter natürlich auch Solon aus Athen. Der hatte den Athenern auf ihr Geheiß Gesetze gegeben und war dann für zehn Jahre auf Reisen gegangen, angeblich um die Welt zu sehen, tatsächlich, damit er nicht gezwungen würde, ein Gesetz, das er gegeben hatte, rückgängig zu machen. Von sich aus durften die Athener das nämlich nicht, denn durch große Eide waren sie gebunden, zehn Jahre die Gesetze zu halten, die Solon ihnen gäbe. Deswegen und um die Welt zu sehen war Solon fortgereist und kam nach Ägypten zu Amasis und, wie gesagt, nach Sardes zu Kroisos. Hier wurde er im Palast freundlich aufgenommen von Kroisos. Darauf, am dritten oder vierten Tage, führten Diener auf Kroi-

κελεύσαντος Κροίσου τὸν Σόλωνα θεράποντες περιῆγον κατὰ τοὺς θησαυροὺς καὶ ἐπεδείκνυσαν πάντα ἐόντα μεγάλα τε καὶ ὄλβια. θεησάμενον δέ μιν τὰ πάντα καὶ σκεψάμενον, ὥς οἱ κατὰ καιρὸν ἦν, εἴρετο ὁ Κροῖσος τάδε· Ξεῖνε Ἀθηναῖε, παρ' ἡμέας γὰρ περὶ σέο λόγος ἀπῖκται πολλὸς καὶ σοφίης εἴνεκεν τῆς σῆς καὶ πλάνης, ὡς φιλοσοφέων γῆν πολλὴν θεωρίης εἴνεκεν ἐπελήλυθας· νῦν ὦν ἵμερος ἐπειρέσθαι μοι ἐπῆλθέ σε εἴ τινα ἤδη πάντων εἶδες ὀλβιώτατον. ὁ μὲν ἐλπίζων εἶναι ἀνθρώπων ὀλβιώτατος ταῦτα ἐπειρώτα, Σόλων δὲ οὐδὲν ὑποθωπεύσας, ἀλλὰ τῷ ἐόντι χρησάμενος λέγει· Ὦ βασιλεῦ, Τέλλον Ἀθηναῖον. ἀποθωμάσας δὲ Κροῖσος τὸ λεχθὲν εἴρετο ἐπιστρεφέως· Κοίη δὴ κρίνεις Τέλλον εἶναι ὀλβιώτατον; ὁ δὲ εἶπε· Τέλλῳ τοῦτο μὲν τῆς πόλιος εὖ ἡκούσης παῖδες ἦσαν καλοί τε κἀγαθοί, καί σφι εἶδε ἅπασι τέκνα ἐκγενόμενα καὶ πάντα παραμείναντα, τοῦτο δὲ τοῦ βίου εὖ ἥκοντι, ὡς τὰ παρ' ἡμῖν, τελευτὴ τοῦ βίου λαμπροτάτη ἐπεγένετο· γενομένης γὰρ Ἀθηναίοισι μάχης πρὸς τοὺς ἀστυγείτονας ἐν Ἐλευσῖνι βοηθήσας καὶ τροπὴν ποιήσας τῶν πολεμίων ἀπέθανε κάλλιστα, καί μιν Ἀθηναῖοι δημοσίῃ τε ἔθαψαν αὐτοῦ τῇ περ ἔπεσε καὶ ἐτίμησαν μεγάλως. ὡς δὲ τὰ κατὰ τὸν Τέλλον προετρέψατο ὁ Σόλων τὸν Κροῖσον εἴπας πολλά τε καὶ ὄλβια, ἐπειρώτα τίνα δεύτερον μετ' ἐκεῖνον ἴδοι, δοκέων πάγχυ δευτερεῖα γῶν οἴσεσθαι. ὁ δὲ εἶπε· Κλέοβίν τε καὶ Βίτωνα. τούτοισι γὰρ ἐοῦσι γένος Ἀργείοισι βίος τε ἀρκέων ὑπῆν, καὶ πρὸς τούτῳ ῥώμη σώματος τοιήδε· ἀεθλοφόροι τε ἀμφότεροι ὁμοίως ἦσαν, καὶ δὴ καὶ λέγεται ὅδε ὁ λόγος· ἐούσης ὀρτῆς τῇ Ἥρῃ τοῖσι Ἀργείοισι ἔδεε πάντως τὴν μητέρα αὐτῶν ζεύγεϊ κομισθῆναι ἐς τὸ ἱρόν, οἱ δέ σφι βόες ἐκ τοῦ

sos' Befehl den Solon in die Schatzkammern und zeigten alles, wie groß und reich es war. Als er nun alles betrachtet und geprüft hatte, wie es ihm paßte, fragte Kroisos also: „Gastfreund aus Athen, zu uns drang über dich vielerlei Kunde um deiner Weisheit und deiner Fahrten willen, daß du aus Weisheitsliebe manches Land besucht hast, um Neues zu schauen. Jetzt nun kommt mich ein Verlangen an dich zu fragen, ob du schon einen sahst, der der glücklichste ist unter allen Menschen?" Er fragte dies in der Hoffnung, er sei der Glücklichste. Solon aber schmeichelte nicht, sondern sagte die Wahrheit und sprach: „O König, Tellos aus Athen!" Kroisos wunderte sich über dies Wort und fragte flink: „Wieso urteilst du, Tellos sei der Glücklichste?" Solon antwortete: „Tellos hatte erstens, als es dem Staat gut ging, schöne und tüchtige Söhne und sah, wie sie alle Kinder hatten und diese alle am Leben blieben, und zweitens fand er, als es ihm in seinen eigenen Lebensumständen, jedenfalls nach unseren Maßstäben, gut gegangen war, das herrlichste Lebensende: Als die Athener gegen ihre Nachbarn in Eleusis kämpften, focht er mit, schlug die Feinde in die Flucht und starb den schönsten Tod. Und die Athener bestatteten ihn auf Staatskosten, wo er gefallen war, und ehrten ihn hoch." Da nun durch die Geschichte von Tellos Solon den Kroisos gereizt hatte, denn er hatte von vielerlei Glück gesprochen, so fragte dieser weiter, wer der zweite sei, den er nach jenem gesehen habe; denn er glaubte fest, daß er nun den zweiten Platz gewinnen würde. Jener sprach: „Kleobis und Biton. Diese, von Geburt Argeier, hatten genug zu leben, und zudem waren sie von solcher Körperkraft: beide hatten gleichermaßen Preise in den Wettkämpfen gewonnen, und dann wird diese Geschichte von ihnen erzählt: Bei einem Herafest der Argeier mußte unbedingt ihre Mutter mit einem Gespann zum Heiligtum gebracht werden, aber die Stiere waren vom Acker nicht zur

ἀγροῦ οὐ παρεγίνοντο ἐν ὥρῃ· ἐκκλήιόμενοι δὲ τῇ ὥρῃ
οἱ νεηνίαι ὑποδύντες αὐτοὶ ὑπὸ τὴν ζεύγλην εἷλκον τὴν
ἄμαξαν, ἐπὶ τῆς ἀμάξης δέ σφι ὠχέετο ἡ μήτηρ, σταδίους
δὲ πέντε καὶ τεσσεράκοντα διακομίσαντες ἀπίκοντο ἐς
τὸ ἱρόν. ταῦτα δέ σφι ποιήσασι καὶ ὀφθεῖσι ὑπὸ τῆς
πανηγύριος τελευτὴ τοῦ βίου ἀρίστη ἐπεγένετο διέδεξέ
τε ἐν τούτοισι ὁ θεὸς ὡς ἄμεινον εἴη ἀνθρώπῳ τεθνάναι
μᾶλλον ἢ ζώειν. Ἀργεῖοι μὲν γὰρ περιστάντες ἐμακά-
ριζον τῶν νεηνιέων τὴν ῥώμην, αἱ δὲ Ἀργεῖαι τὴν μητέρα αὐτῶν, οἵων τέκνων ἐκύρησε. ἡ δὲ μήτηρ περι-
χαρὴς ἐοῦσα τῷ τε ἔργῳ καὶ τῇ φήμῃ, στᾶσα ἀντίον
τοῦ ἀγάλματος εὔχετο Κλεόβι τε καὶ Βίτωνι τοῖσι
ἑωυτῆς τέκνοισι, οἵ μιν ἐτίμησαν μεγάλως, τὴν θεὸν
δοῦναι τὸ ἀνθρώπῳ τυχεῖν ἄριστόν ἐστι. μετὰ ταύτην
τὴν εὐχὴν ὡς ἔθυσάν τε καὶ εὐωχήθησαν, κατακοιμη-
θέντες ἐν αὐτῷ τῷ ἱρῷ οἱ νεηνίαι οὐκέτι ἀνέστησαν,
ἀλλ' ἐν τέλεϊ τούτῳ ἔσχοντο. Ἀργεῖοι δέ σφεων εἰκόνας
ποιησάμενοι ἀνέθεσαν ἐς Δελφοὺς ὡς ἀνδρῶν ἀρίστων
γενομένων. Σόλων μὲν δὴ εὐδαιμονίης δευτερεῖα ἔνεμε
τούτοισι, Κροῖσος δὲ σπερχθεὶς εἶπε· ὦ ξεῖνε Ἀθηναῖε,
ἡ δ' ἡμετέρη εὐδαιμονίη οὕτω τοι ἀπέρριπται ἐς τὸ
μηδὲν ὥστε οὐδὲ ἰδιωτέων ἀνδρῶν ἀξίους ἡμέας ἐποίη-
σας; ὁ δὲ εἶπε· ὦ Κροῖσε, ἐπιστάμενόν με τὸ θεῖον πᾶν
ἐὸν φθονερόν τε καὶ ταραχῶδες ἐπειρωτᾷς ἀνθρωπηίων
πρηγμάτων πέρι. ἐν γὰρ τῷ μακρῷ χρόνῳ πολλὰ μέν
ἐστι ἰδεῖν τὰ μή τις ἐθέλει, πολλὰ δὲ καὶ παθεῖν. ἐς γὰρ
ἑβδομήκοντα ἔτεα οὖρον τῆς ζόης ἀνθρώπῳ προτίθημι.
οὗτοι ἐόντες ἐνιαυτοὶ ἑβδομήκοντα παρέχονται ἡμέρας
διηκοσίας καὶ πεντακισχιλίας καὶ δισμυρίας, ἐμβολίμου
μηνὸς μὴ γινομένου· εἰ δὲ δὴ ἐθελήσει τούτερον τῶν
ἐτέων μηνὶ μακρότερον γίνεσθαι, ἵνα δὴ αἱ ὧραι συμ-

Zeit da. Gedrängt von der Zeit spannten die Jünglinge selbst sich ins Joch, zogen den Wagen, und auf dem Wagen fuhr ihre Mutter. Fünfundvierzig Stadien, *etwa 7 ½ km*, zogen sie und kamen zum Heiligtum. Da sie dies vollbracht hatten und gesehen waren von der Festversammlung, ward ihnen das schönste Lebensende. Und es zeigte dabei der Gott, daß es besser ist für einen Menschen tot zu sein als zu leben. Denn die Argeier standen umher und priesen die Kraft der Jünglinge; die Argeierinnen feierten die Mutter, welch Söhne sie habe; die Mutter aber, voll Freude über die Tat und das Lob, trat vor das Kultbild und betete: dem Kleobis und Biton, ihren Söhnen, die ihr große Ehre erwiesen, möge die Göttin geben, was dem Menschen das Beste sei. Nach diesem Gebet opferten die Jünglinge und schmausten; und sie legten sich zur Ruhe in eben dem Tempel und standen nicht wieder auf, sondern fanden hier ihr Ziel. Die Argeier ließen Standbilder von ihnen machen und weihten sie nach Delphi, da sie vortreffliche Männer geworden waren." Solon gab diesen den zweiten Platz im Glück. Kroisos aber sprach voll Eifer: „Gastfreund aus Athen, mein eigenes Glück wirfst du so zum Nichts, daß du mich nicht einmal gewöhnlichen Männern gleichachtest?" Der sprach: „O Kroisos, mich, der ich weiß, daß das Göttliche voll Neid ist und voll Wirrsal, fragst du nach dem menschlichen Leben. Denn in der langen Zeit hat einer viel zu sehen, was er nicht will, und viel zu leiden. Auf siebenzig Jahre setze ich die Grenze des Lebens für einen Menschen. Und sind es siebenzig Jahre, so geben sie fünfundzwanzigtausend und zweihundert Tage, ohne den Schaltmonat zu rechnen. Wenn nun aber jedes zweite Jahr einen Monat länger wird, damit die Jahreszeiten wieder gehörig zusam-

βαίνωσι παραγινόμεναι ἐς τὸ δέον, μῆνες μὲν παρὰ τὰ ἑβδομήκοντα ἔτεα οἱ ἐμβόλιμοι γίνονται τριήκοντα πέντε, ἡμέραι δὲ ἐκ τῶν μηνῶν τούτων χίλιαι πεντήκοντα. τουτέων τῶν ἀπασέων ἡμερέων τῶν ἐς τὰ ἑβδομήκοντα ἔτεα, ἐουσέων πεντήκοντα καὶ διηκοσιέων καὶ ἑξακισχιλιέων καὶ δισμυριέων, ἡ ἑτέρη αὐτέων τῇ ἑτέρῃ ἡμέρῃ τὸ παράπαν οὐδὲν ὅμοιον προσάγει πρῆχμα. οὕτω ὦν, ὦ Κροῖσε, πᾶν ἐστι ἄνθρωπος συμφορή. ἐμοὶ δὲ σὺ καὶ πλουτέειν μέγα φαίνεαι καὶ βασιλεὺς πολλῶν εἶναι ἀνθρώπων· ἐκεῖνο δὲ τὸ εἴρεό με, οὔκω σε ἐγὼ λέγω, πρὶν τελευτήσαντα καλῶς τὸν αἰῶνα πύθωμαι. οὐ γάρ τι ὁ μέγα πλούσιος μᾶλλον τοῦ ἐπ' ἡμέρην ἔχοντος ὀλβιώτερός ἐστι, εἰ μή οἱ τύχη ἐπίσποιτο πάντα καλὰ ἔχοντα εὖ τελευτῆσαι τὸν βίον. πολλοὶ μὲν γὰρ ζάπλουτοι ἀνθρώπων ἀνόλβιοί εἰσι, πολλοὶ δὲ μετρίως ἔχοντες βίου εὐτυχέες. ὁ μὲν δὴ μέγα πλούσιος, ἀνόλβιος δὲ δυοῖσι προέχει τοῦ εὐτυχέος μοῦνον, οὗτος δὲ τοῦ πλουσίου καὶ ἀνόλβου πολλοῖσι. ὁ μὲν ἐπιθυμίην ἐκτελέσαι καὶ ἄτην μεγάλην προσπεσοῦσαν ἐνεῖκαι δυνατώτερος, ὁ δὲ τοῖσιδε προέχει ἐκείνου· ἄτην μὲν καὶ ἐπιθυμίην οὐκ ὁμοίως δυνατὸς ἐκείνῳ ἐνεῖκαι, ταῦτα δὲ ἡ εὐτυχίη οἱ ἀπερύκει, ἄπηρος δέ ἐστι, ἄνουσος, ἀπαθὴς κακῶν, εὔπαις, εὐειδής. εἰ δὲ πρὸς τούτοισι ἔτι τελευτήσει τὸν βίον εὖ, οὗτος ἐκεῖνος τὸν σὺ ζητέεις, ὁ ὄλβιος κεκλῆσθαι ἄξιός ἐστι· πρὶν δ' ἂν τελευτήσῃ, ἐπισχεῖν μηδὲ καλέειν κω ὄλβιον ἀλλ' εὐτυχέα. τὰ πάντα μέν νυν ταῦτα συλλαβεῖν ἄνθρωπον ἐόντα ἀδύνατόν ἐστι, ὥσπερ χώρη οὐδεμία καταρκέει πάντα ἑωυτῇ παρέχουσα, ἀλλὰ ἄλλο μὲν ἔχει, ἑτέρου δὲ ἐπιδέεται· ἣ δὲ ἂν τὰ πλεῖστα ἔχῃ, αὕτη ἀρίστη. ὣς δὲ καὶ ἀνθρώπου σῶμα ἓν οὐδὲν αὔταρκές ἐστι· τὸ μὲν γὰρ ἔχει, ἄλλου δὲ ἐνδεές ἐστι. ὃς

54

menstimmen, so gibt es in siebenzig Jahren fünfunddreißig Schaltmonate, und aus diesen Monaten noch tausendfünfhundert Tage. Von all diesen Tagen bei siebenzig Jahren, im ganzen sechsundzwanzigtausend zweihundertfünfzig, bringt der eine dem anderen Tage durchaus kein gleiches Begebnis. So sehr, o Kroisos, ist der Mensch ganz Zufall. Ich sehe, du bist sehr reich und bist König über viele Menschen. Wonach du mich jedoch fragst, das kann ich noch nicht von dir sagen, ehe ich denn höre, daß du dein Leben schön geendet hast. Denn nicht ist der sehr Reiche glücklicher, als wer für den Tag auskommt, es sei denn, das Geschick fällt ihm zu, im Besitz all seiner Güter ein schönes Lebensende zu finden. Denn viele reiche Menschen sind unglücklich, viele mäßig Begüterte können mit ihrem Geschick zufrieden sein. Wer reich, aber unglücklich ist, hat nur zweierlei vor dem voraus, der ein gutes Los hat, dieser aber vor dem Reichen und Unglücklichen vielerlei. Der eine kann eher eine Begierde erfüllen und einen schweren Schaden, der ihn trifft, ertragen; der andere hat diese vor jenem voraus: einen Schaden und eine Begierde kann er nicht so leicht wie jener tragen, — doch das hält sein Los ihm fern. Aber er ist ohne Gebrechen, ohne Krankheit, ohne Leid, gesegnet mit Kindern, mit Schönheit. Wenn er zudem noch sein Leben schön endet, ist er der, den du suchst, der glücklich zu heißen verdient. Bevor er stirbt, sei man vorsichtig und sage noch nicht: er ist glücklich, sondern: er hat Glück. All dies zu umfassen ist einem als Menschen unmöglich, so wie kein Land ausreicht, sich selbst mit allem zu versehen; es hat das eine, das andere muß es sich beschaffen; welches aber am meisten hat, das ist das beste. So ist auch das einzelne Menschenwesen nicht autark; das eine hat es, des anderen bedarf es. Wer aber das meiste

δ' ἂν αὐτῶν πλεῖστα ἔχων διατελέῃ καὶ ἔπειτα τελευτήσῃ εὐχαρίστως τὸν βίον, οὗτος παρ' ἐμοὶ τὸ οὔνομα
τοῦτο, ὦ βασιλεῦ, δίκαιός ἐστι φέρεσθαι. σκοπέειν δὲ
χρὴ παντὸς χρήματος τὴν τελευτήν, κῇ ἀποβήσεται·
πολλοῖσι γὰρ δὴ ὑποδέξας ὄλβον ὁ θεὸς προρρίζους
ἀνέτρεψε.

Ταῦτα λέγων τῷ Κροίσῳ οὔ κως οὔτε ἐχαρίζετο, οὔτε
λόγου μιν ποιησάμενος οὐδενὸς ἀποπέμπεται, κάρτα
δόξας ἀμαθέα εἶναι, ὃς τὰ παρεόντα ἀγαθὰ μετεὶς τὴν
τελευτὴν παντὸς χρήματος ὁρᾶν ἐκέλευε.
Herodot 1, 29—33.

Οἱ δὲ Πέρσαι τάς τε δὴ Σάρδις ἔσχον καὶ αὐτὸν Κροῖσον ἐζώγρησαν, ἄρξαντα ἔτεα τεσσερεσκαίδεκα καὶ τεσσερεσκαίδεκα ἡμέρας πολιορκηθέντα. ... λαβόντες δὲ
αὐτὸν οἱ Πέρσαι ἤγαγον παρὰ Κῦρον. ὁ δὲ συννήσας
πυρὴν μεγάλην ἀνεβίβασε ἐπ' αὐτὴν τὸν Κροῖσόν τε ἐν
πέδῃσι δεδεμένον καὶ δὶς ἑπτὰ Λυδῶν παρ' αὐτὸν παῖδας, ἐν νόῳ ἔχων εἴτε δὴ ἀκροθίνια ταῦτα καταγιεῖν
θεῶν ὅτεῳ δή, εἴτε καὶ εὐχὴν ἐπιτελέσαι θέλων, εἴτε
καὶ πυθόμενος τὸν Κροῖσον εἶναι θεοσεβέα τοῦδε εἵνεκεν ἀνεβίβασε ἐπὶ τὴν πυρήν, βουλόμενος εἰδέναι εἴ τίς
μιν δαιμόνων ῥύσεται τοῦ μὴ ζῶντα κατακαυθῆναι. τὸν
μὲν δὴ ποιέειν ταῦτα· τῷ δὲ Κροίσῳ ἑστεῶτι ἐπὶ τῆς
πυρῆς ἐσελθεῖν, καίπερ ἐν κακῷ ἐόντι τοσούτῳ, τὸ τοῦ
Σόλωνος ὥς οἱ εἴη σὺν θεῷ εἰρημένον, τὸ μηδένα εἶναι
τῶν ζωόντων ὄλβιον. ὡς δὲ ἄρα μιν προσστῆναι τοῦτο,
ἀνενεικάμενόν τε καὶ ἀναστενάξαντα ἐκ πολλῆς ἡσυχίης
ἐς τρὶς ὀνομάσαι 'Σόλων'. καὶ τὸν Κῦρον ἀκούσαντα
κελεῦσαι τοὺς ἑρμηνέας ἐπειρέσθαι τὸν Κροῖσον τίνα

56

hat bis zu seinem Ende und dann sein Leben heiter beschließt, der hat bei mir, König, ein Recht, diesen Namen zu führen. Bei jedem Ding muß man aufs Ende schauen, wie es ausgeht; denn vielen zeigt der Gott etwas Glück, dann aber stürzt er es von Grund aus um."

Mit solcher Rede tat er Kroisos keinen Gefallen. Der kümmerte sich auch nicht weiter um ihn und entließ ihn, fest überzeugt, der sei ein Narr, der die vorhandenen Güter preisgab und forderte, das Ende eines jeglichen Dinges zu sehen.

Die Perser, *unter Kyros im Jahr 546 v. Chr.*, eroberten Sardes und nahmen Kroisos gefangen, nachdem er vierzehn Jahre geherrscht hatte und vierzehn Tage belagert war... Die Perser, die ihn gefangen genommen hatten, brachten ihn vor Kyros. Der ließ einen hohen Scheiterhaufen aufrichten und Kroisos, in Fesseln gebunden, hinaufsteigen, zusammen mit zweimal sieben jungen Lydern. Vielleicht war seine Absicht, sie als Opfer einem Gott zu weihen, vielleicht wollte er ein Gelübde erfüllen, vielleicht hatte er aber auch gehört, daß Kroisos fromm war, und ließ ihn deswegen auf den Scheiterhaufen steigen, weil er wissen wollte, ob einer der Götter ihn davon erretten würde, lebendig verbrannt zu werden. Der, erzählt man, tat also; dem Kroisos aber sei, als er auf dem Scheiterhaufen stand, eingefallen, obwohl er in so großer Not war, was Solon, offensichtlich mit Hilfe eines Gottes, gesagt hatte, daß keiner der Lebenden glücklich sei. Da ihm dies in den Sinn gekommen, sei er sich klar geworden über alles und hätte geseufzt und nach langem Stillschweigen dreimal gerufen: „Solon." Kyros, der dies hörte, habe den Dolmetschern be-

τοῦτον ἐπικαλέοιτο, καὶ τοὺς προσελθόντας ἐπειρωτᾶν. Κροῖσον δὲ τέως μὲν σιγὴν ἔχειν εἰρωτώμενον, μετὰ δέ, ὡς ἠναγκάζετο, εἰπεῖν· τὸν ἂν ἐγὼ πᾶσι τυράννοισι προετίμησα μεγάλων χρημάτων ἐς λόγους ἐλθεῖν. ὡς δέ σφι ἄσημα ἔφραζε, πάλιν ἐπειρώτων τὰ λεγόμενα. λιπαρεόντων δὲ αὐτῶν καὶ ὄχλον παρεχόντων ἔλεγε δὴ ὡς ἦλθε ἀρχὴν ὁ Σόλων ἐὼν Ἀθηναῖος, καὶ θεησάμενος πάντα τὸν ἑωυτοῦ ὄλβον ἀποφλαυρίσειε οἷα δὴ εἴπας, ὥς τε αὐτῷ πάντα ἀποβέβηκέ οἱ τῇ περ ἐκεῖνος εἶπε, οὐδέν τι μᾶλλον ἐς ἑωυτὸν λέγων ἢ οὐκ ἐς ἅπαν τὸ ἀνθρώπινον καὶ μάλιστα τοὺς παρὰ σφίσι αὐτοῖσι ὀλβίους δοκέοντας εἶναι. τὸν μὲν Κροῖσον ταῦτα ἀπηγέεσθαι. τῆς δὲ πυρῆς ἤδη ἀμμένης καίεσθαι τὰ περιέσχατα. καὶ τὸν Κῦρον ἀκούσαντα τῶν ἑρμηνέων τὰ Κροῖσος εἶπε, μεταγνόντα τε καὶ ἐννώσαντα ὅτι καὶ αὐτὸς ἄνθρωπος ἐὼν ἄλλον ἄνθρωπον, γενόμενον ἑωυτοῦ εὐδαιμονίῃ οὐκ ἐλάσσω, ζῶντα πυρὶ διδοίη, πρός τε τούτοισι δείσαντα τὴν τίσιν καὶ ἐπιλεξάμενον, ὡς οὐδὲν εἴη τῶν ἐν ἀνθρώποισι ἀσφαλέως ἔχον, κελεύειν σβεννύναι τὴν ταχίστην τὸ καιόμενον πῦρ καὶ καταβιβάζειν Κροῖσόν τε καὶ τοὺς μετὰ Κροίσου. καὶ τοὺς πειρωμένους οὐ δύνασθαι ἔτι τοῦ πυρὸς ἐπικρατῆσαι. ἐνθαῦτα λέγεται ὑπὸ Λυδῶν Κροῖσον μαθόντα τὴν Κύρου μετάγνωσιν, ὡς ὥρα πάντα μὲν ἄνδρα σβεννύντα τὸ πῦρ, δυναμένους δὲ οὐκέτι καταλαβεῖν, ἐπιβώσασθαι τὸν Ἀπόλλωνα ἐπικαλεόμενον, εἴ τί οἱ κεχαρισμένον ἐξ αὐτοῦ ἐδωρήθη, παραστῆναι καὶ ῥύσασθαι αὐτὸν ἐκ τοῦ παρεόντος κακοῦ. τὸν μὲν δακρύοντα ἐπικαλέεσθαι τὸν θεόν, ἐκ δὲ αἰθρίης τε καὶ νηνεμίης συνδραμεῖν ἐξαπίνης νέφεα καὶ χειμῶνά τε καταρραγῆναι καὶ ὗσαι ὕδατι λαβροτάτῳ, κατασβεσθῆναί τε τὴν πυρήν. οὕτω δὴ μαθόντα τὸν

fohlen, Kroisos zu fragen, wen er da rufe. Die seien gegangen und hätten gefragt. Aber Kroisos habe auf ihre Frage lange geschwiegen, dann jedoch, unter Zwang, erwidert: „Einen, dessen Unterhaltung, wie ich schätze, allen Tyrannen wertvoller wäre als die großen Reichtümer." Das klang ihnen rätselhaft, und so fragten sie wieder, was er meine; und da sie ihm zusetzten und ihn drängten, erzählte er denn, wie einst dieser Solon, ein Athener, gekommen sei; all sein Glück habe er angeschaut und es gering gemacht mit mancherlei Reden. Und ihm sei alles so geschehen, wie jener gesagt habe; seine Worte träfen aber nicht nur auf ihn zu, vielmehr auf alles Menschliche und zumal auf die, die sich selbst für glücklich hielten. Da Kroisos dies erzählte, war der Scheiterhaufen schon angezündet und brannte bereits am Rande. Als Kyros von den Dolmetschern die Worte des Kroisos vernahm, änderte er seinen Sinn, denn er bedachte, daß er, der selbst ein Mensch sei, einen anderen Menschen, der nicht weniger glücklich als er gewesen, lebend dem Feuer übergebe, und zudem fürchtete er die Vergeltung, und überlegte, daß nichts im Menschenleben sicher sei. So befahl er, aufs schnellste das lodernde Feuer zu löschen und den Kroisos samt denen, die mit ihm waren, herabzuholen. Man versuchte dies, konnte aber das Feuer nicht mehr meistern. Da, so erzählen die Lyder, merkte Kroisos, daß Kyros seinen Sinn geändert hatte, und als er sah, wie jedermann das Feuer zu löschen suchte, sie es aber nicht mehr unterdrücken konnten, rief er zu Apoll und schrie, wenn er je ihm mit Geschenken gefällig gewesen, solle er ihm beistehen und ihn retten aus der gegenwärtigen Not. Weinend rief er so zu dem Gott. Aus klarem, windstillem Himmel zogen da plötzlich Wolken zusammen und ein Wetter brach los und es regnete mit heftigem Regen, und der Scheiterhaufen erlosch. So merkte Kyros, daß

Κῦρον, ὡς εἴη ὁ Κροῖσος καὶ θεοφιλὴς καὶ ἀνὴρ ἀγαθός, καταβιβάσαντα αὐτὸν ἀπὸ τῆς πυρῆς εἴρεσθαι τάδε· Κροῖσε, τίς σε ἀνθρώπων ἀνέγνωσε ἐπὶ γῆν τὴν ἐμὴν στρατευσάμενον πολέμιον ἀντὶ φίλου ἐμοὶ καταστῆναι; ὁ δὲ εἶπε· ὦ βασιλεῦ, ἐγὼ ταῦτα ἔπρηξα τῇ σῇ μὲν εὐδαιμονίῃ, τῇ ἐμεωυτοῦ δὲ κακοδαιμονίῃ. αἴτιος δὲ τούτων ἐγένετο ὁ Ἑλλήνων θεὸς ἐπάρας ἐμὲ στρατεύεσθαι. οὐδεὶς γὰρ οὕτω ἀνόητός ἐστι ὅστις πόλεμον πρὸ εἰρήνης αἱρέεται· ἐν μὲν γὰρ τῇ οἱ παῖδες τοὺς πατέρας θάπτουσι, ἐν δὲ τῷ οἱ πατέρες τοὺς παῖδας. ἀλλὰ ταῦτα δαίμοσί κου φίλον ἦν οὕτω γενέσθαι.

Ὁ μὲν ταῦτα ἔλεγε, Κῦρος δὲ αὐτὸν λύσας κατεῖσέ τε ἐγγὺς ἑωυτοῦ καὶ κάρτα ἐν πολλῇ προμηθίῃ εἶχε, ἀπεθώμαζέ τε ὀρέων καὶ αὐτὸς καὶ οἱ περὶ ἐκεῖνον ἐόντες πάντες.

Herodot 1, 86—88.

Kroisos ein gottgefälliger und guter Mann war; er ließ
ihn vom Scheiterhaufen herabsteigen und fragte ihn:
„Kroisos, wer von den Menschen bestimmte dich,
gegen mein Land zu Felde zu ziehen und mein Feind
anstatt mein Freund zu werden?" Der erwiderte: „O
König, ich tat dies, da dir das Glück wohlwollte, mir
aber übelwollte. Schuld aber war der Griechengott, der
mich zum Feldzug antrieb. Niemand nämlich ist so
töricht, den Krieg statt des Friedens zu wählen. Denn
im Frieden begraben die Söhne die Väter, im Krieg
aber die Väter die Söhne. Aber dies war den Göttern
wohl lieb, daß es also geschehe."

So sprach er. Kyros aber löste seine Fesseln, setzte
ihn sich zur Seite und achtete ihn sehr. Und es sahen
auf ihn und bewunderten ihn er und alle, die um ihn
waren.

Das Gastmahl der Sieben Weisen

Schon früh muß es volkstümliche Darstellungen von einem Symposion der Sieben Weisen gegeben haben. Uns sind Trinklieder, „Skolien" von sechs Weisen erhalten, deren Sprache und Verse (Daktyloepitriten) auf das Athen des 5. Jahrhunderts v. Chr. weisen.

Noch älter scheint ein Hexameter-Gedicht zu sein, von dem sich einige Verse auf einem Papyrus des 2. Jahrhunderts n. Chr. finden: er enthält das Bruchstück eines gelehrten Traktats, das Zitate bespricht, deren Autor umstritten war, und belegt mit einer offenbar frühen epischen Legende, daß man dem weisen Chilon den Spruch „Erkenne dich selbst" zuschrieb.

Wo die Weisen sich jeweils getroffen haben, wissen wir nicht, — etwa bei Kroisos oder in Delphi (was Diodor 9, 10, 1 nahelegen könnte, der in manchem mit den Hexametern übereinstimmt).

Solche Volksbücher liefen sicher in mancherlei Fassungen um, standen der mündlichen Überlieferung noch nah und bewahrten manches Volkstümliche. Offenbar knüpft Platon in seinem Symposion daran an und weiterhin hängt daran die lange Kette der 'Gastmähler' und 'Philosophengespräche' bis in die Spätantike zu den Saturnalien des Macrobius und bis in die neuere Zeit; ein Werk, das direkt darauf zurückgreift, werden wir noch im 'Gastmahl der Sieben Weisen' des Plutarch kennenlernen (u. S. 108 ff.).

Die Skolien berühren sich nahe mit den Versen des Theognis, die ebenfalls im 5. Jhdt. beim Gelage vorgetragen wurden: die Gedanken der Sieben kreisen um die menschliche Rede, sofern sie Gesinnungen mitteilt. Seit die Menschen klug geworden sind, wissen sie das Wort zur Täuschung zu benutzen, verstehen es, sich im Reden zu verstellen; und seitdem es den Menschen wichtig

geworden ist (und das ist es den Griechen seit der Zeit ihrer großen Lyriker, seit dem 6. Jahrhundert), mit Mitmenschen geistigen Zusammenhang zu gewinnen, gleiche Meinungen und Gesinnungen zu finden, erhebt sich im geselligen Kreise der Freunde und unter denen, die sich politisch zusammenfinden, immer wieder die Frage: was ist echt? was ist Verstellung? Selbstverständlich treten die Sieben für das Unverstellte, Echte und Wahre ein. — Im Gegensatz zu den ältesten Sprüchen, die zum größten Teil tiefsinnig-grundsätzlich sind, einen philosophischen Zug haben, setzen diese kurzen Lieder begrenztere Interessen voraus: sie wenden sich an die Bürger eines geschlossenen Gemeinwesens, zielen aber nicht auf das politische Handeln, sondern nur auf die menschlichen Beziehungen und weisen damit schon auf die Bürgerlichkeit des 4. Jahrhunderts voraus.

Ein Lied, wohl das des Periander, ist verloren, weil der Tyrann von Korinth in späteren Bearbeitungen dieses Symposions ausschied. Oder ob er schon von vornherein in diesem Zusammenhang gar nicht unter die Sieben eingereiht war? Dann hinge Platon auch in diesem Punkt von dem Volksbuch ab, wenn er im Protagoras (s. u. S. 70) den Periander wegläßt.

Die weiter unten angeführten Legenden und Sentenzen stammen zum Teil aus diesem frühen Volksbuch; aus Plutarchs Gastmahl der Sieben Weisen hätte sich noch manches ausheben lassen (vgl. L. Radermacher, Weinen und Lachen, Wien 1947, S. 62 ff.). Anderes ist sicher erst spät entstanden; populäre philosophische Schriften haben (wie man, allerdings kaum mit Recht, vermutet hat, schon seit dem Sokrates-Schüler Antisthenes) die bequeme Form des Weisen-Gastmahls benutzt, um Mahnungen und erbauliche Geschichten an den Mann zu bringen. Von solchen Symposion-Geschichten stehe hier nur eine besonders hübsche, die noch die Spur ihres Ursprungs an sich trägt, — eine Vorstufe des 'Sieh Neapel und stirb'.

αὐτὰρ ἐπεί σφιν ἔδοξε μετ' ἀλλήλων ἀγ]ορεύειν,
Χίλων ἦρχε λόγου Λακεδαίμονα πατρίδα ναίων,
ὃς ποτε καὶ Πυθοῖ τὸ σοφὸν ποτὶ νηὸν ἔγραψεν
του[
— —
— —   γνῶθι σεαυτόν
— —
— —   ἐπεὶ] τάδ' ἐβυ[σσοδόμε]υσα, φατ[ίζω
νῦν·] τ[ό] τε μη[δὲν ἄγα]ν καὶ τὸ ἐγγύα, πάρα δ' ἄτα.
Papiri della Società Italiana vol. 9 nr. 1093.

ΤΑ ΑΙΔΟΜΕΝΑ ΤΩΝ ΣΟΦΩΝ

ΘΑΛΗΣ
Οὔ τι τὰ πολλὰ ἔπη φρονίμην ἀπεφήνατο δόξαν·
ἕν τι μάτευε σοφόν,
ἕν τι κεδνὸν αἱροῦ·
λύσεις γὰρ ἀνδρῶν κωτίλων γλώσσας ἀπεραντολόγους.

ΣΟΛΩΝ
Πεφυλαγμένος ἄνδρα ἕκαστον ὅρα,
μή σε κρυπτὸν ἔγχος ἔχων κραδίῃ
φαιδρῷ προσεννέπῃ προσώπῳ,
γλῶσσα δέ οἱ διχόμυθος ἐκ μελαίνης φρενὸς γεγωνῇ.

ΧΙΛΩΝ
Ἐν λιθίναις ἀκόναις ὁ χρυσὸς ἐξετάζεται
διδοὺς βάσανον φανεράν· ἐν δὲ χρόνῳ
ἀνδρῶν ἀγαθῶν τε κακῶν τε νοῦς ἔδωκ' ἔλεγχον.

Als sie vereinbart hatten, gemeinsam dies] zu bereden,
Nahm als erster das Wort der Lakedämonier Chilon,
Der dem pythischen Gott den weisen Spruch an den
                                          Tempel
Einst geschrieben. [Er sprach: „Das vortrefflichste
                                 Wort unter allen
Ist es, das ich dem Gotte geweiht — —
— 'Erkenne dich selbst' — —
— —
Aber als treffliche] nenn' ich, nachdem ich es wohl
                                    überlegt hab',
[Nun zwei weitere noch:] 'Nichts zu sehr' und 'Bürg-
                            schaft bringt Unheil'.

DIE TRINKLIEDER DER WEISEN

Thales

Nicht die Fülle der Worte verrät ein sinniges Urteil.
Such Ein Weises,
wähl Ein Gutes.
Denn sonst lockerst du nur die Zungen der endlosen
                                        Schwätzer.

Solon

Hüte dich, sieh jeden an,
ob er nicht heimliche Lanze trägt im Herzen,
wenn er mit hellem Gesicht zu dir spricht,
ob nicht zwieredig die Zunge aus schwarzem Herzen
                                            tönt.

Chilon

An Prüfsteinen probt sich das Gold
und gibt sich klar zu erkennen; an der Zeit aber
probt sich der Sinn der Menschen, der guten und bösen.

ΠΙΤΤΑΚΟΣ

Ἔχοντα χρὴ τόξον τε καὶ ἰοδόκον
στείχειν ποτὶ φῶτα κακόν ·
πιστὸν γὰρ οὐδὲν γλῶσσα διὰ στόματος
λαλεῖ διχόμυθον ἔχουσα καρδίᾳ νόημα.

ΒΙΑΣ

Ἀστοῖσιν ἄρεσκε πᾶσιν, ἐν πόλει αἴκε μένῃς ·
πλείσταν γὰρ ἔχει χάριν. αὐθάδης δὲ τρόπος βλαβερὰν
πολλάκις ἐξέλαμψεν ἄταν.

ΚΛΕΟΒΟΥΛΟΣ

Ἀμουσία τὸ πλέον ἐν βροτοῖσιν
λόγων τε πλῆθος · ἀλλ' ὁ καιρὸς ἀρκέσει.
φρόνει τι κεδνόν · μὴ μάταιος ἁ χάρις γενέσθω.

Diogenes Laërtios 1, 35; 61; 71; 78; 85; 91 aus einer hellenistischen Schrift des Lobon.

* * *

Σόλων ὁ Ἀθηναῖος ὁ Ἐξηκεστίδου παρὰ πότον τοῦ
ἀδελφιδοῦ αὐτοῦ μέλος τι Σαπφοῦς ᾄσαντος, ἥσθη
τῷ μέλει καὶ προσέταξε τῷ μειρακίῳ διδάξαι αὐτόν.
ἐρωτήσαντος δέ τινος διὰ ποίαν αἰτίαν τοῦτο ἐσπού
δασεν, ὁ δὲ ἔφη · 'ἵνα μαθὼν αὐτὸ ἀποθάνω.'

Aelian (fr. 187) aus Stob. 3, 29, 58.

Pittakos

Mit Bogen und Köcher soll man
einem Bösen begegnen.
Denn nichts Zuverlässiges schwatzt durch seinen Mund
die Zunge, die im Herzen zwieredige Gedanken hegt.

Bias

Den Bürgern sei allen gefällig, willst du in der Stadt
bleiben.
Das bringt den meisten Dank. Eigensinniges Wesen
zündet oft schädliches Unheil an.

Kleobulos

Ungeist ist das meiste unter den Menschen
und der Worte ein Hauf'; doch rechtes Maß wird
helfen.
Ersinne Gutes. Die Freundlichkeit soll nicht wahllos
sein.

* * *

Solon von Athen, der Sohn des Exekestides, hatte,
als sein Neffe beim Wein ein Lied der Sappho sang,
solche Freude an dem Lied, daß er den Jungen aufforderte, ihn das Lied zu lehren. Als jemand fragte,
warum er sich damit Mühe gäbe, erwiderte er: 'Ich
will es auswendig lernen und dann sterben.'

Die Weisen als vorbildliche Philosophen

1.

Spartanische Philosophie

Die älteste uns vollständig erhaltene Liste der Sieben Weisen findet sich erst bei Platon (427—347 v. Chr.) im Protagoras. Schon vor Platon sind die sieben Weisen eingeordnet in die Geschichte der griechischen Philosophie; sie wurden zu den ersten Philosophen. Das hängt daran, daß Thales als erster den Versuch gemacht hat, die Fülle des Wirklichen als Einheit zu fassen, indem er das Wasser für Ursprung und Wesen (ἀρχή) der Dinge erklärte (s. o. S. 16). Daran knüpften Anaximander, Anaximenes und Heraklit an. Der erste, der so etwas wie Philosophiegeschichte geschrieben oder jedenfalls eine Zusammenstellung von philosophischen Lehrmeinungen gegeben hat, scheint Hippias von Elis gewesen zu sein, ein Sophist des ausgehenden 5. Jahrhunderts;

er muß, wie sich wahrscheinlich machen läßt, dem Thales seinen Platz am Anfang der Philosophiegeschichte zugewiesen haben; das greift Platon auf und treibt damit sein witziges Spiel. In seinen Scherz flicht er noch ein, daß die Weisen ursprünglich auch Sophisten hießen (so z. B. bei Herodot, s. o. S. 48). Diesen Namen hatten dann die berufsmäßigen Weisheitslehrer des ausgehenden 5. Jahrhunderts für sich in Anspruch genommen. Diese neuen 'Sophisten' griff Platon in seinen frühen Dialogen an, und so hatte ihr Name für ihn einen bedenklichen Klang. Platon stellt nun die verblüffende Behauptung auf, die griechische Philosophie habe in Kreta und in Sparta begonnen, und dort gebe es die meisten 'Sophisten' (das Gegenteil war natürlich der Fall), man verheimliche das nur, damit die anderen Griechen deren Weisheit nicht nachahmten. Das kurze 'lakonische' Reden sei das Zeichen echter Bildung bei diesen Philosophen.

Platon hat den Tyrannen Periander in der Liste der Sieben Weisen gestrichen; das bezeugen schon die antiken Philologen (s. o. S. 6). Den Myson setzte er an dessen Stelle wegen einer alten Geschichte, die übrigens das Einzige war, was man im ganzen Altertum von ihm wußte und auf die schon der alte ionische Dichter Hipponax anspielte (fr. 61 Diehl):

„Für den Verständigsten von allen Menschen
Erklärte ihn Apoll."

Diese Geschichte ist in verschiedenen Varianten überliefert, deren vermutlich älteste hier dem Platon-Text folgt, damit ersichtlich ist, weswegen Platon den Myson in die Zahl der Sieben Weisen aufnahm. Daß Myson aus der Umgegend des Lakedämoniers Chilon stammt, macht ihn für Platon besonders geeignet, um als Repräsentant der erstaunlichen spartanischen Philosophie zu figurieren.

Der Spruch des Pittakos, auf den Platon hinaus will, stammt aus der oben S. 36 mitgeteilten Geschichte.

Τούτων ἦν καὶ Θαλῆς ὁ Μιλήσιος καὶ Πιττακὸς ὁ Μυτιληναῖος καὶ Βίας ὁ Πριηνεὺς καὶ Σόλων ὁ ἡμέτερος καὶ Κλεόβουλος ὁ Λίνδιος καὶ Μύσων ὁ Χηνεύς, καὶ ἕβδομος ἐν τούτοις ἐλέγετο Λακεδαιμόνιος Χίλων. οὗτοι πάντες ζηλωταὶ καὶ ἐρασταὶ καὶ μαθηταὶ ἦσαν τῆς Λακεδαιμονίων παιδείας, καὶ καταμάθοι ἄν τις αὐτῶν τὴν σοφίαν τοιαύτην οὖσαν, ῥήματα βραχέα ἀξιομνημόνευτα ἑκάστῳ εἰρημένα. οὗτοι καὶ κοινῇ συνελθόντες ἀπαρχὴν τῆς σοφίας ἀνέθεσαν τῷ Ἀπόλλωνι εἰς τὸν νεὼν τὸν ἐν Δελφοῖς, γράψαντες ταῦτα ἃ δὴ πάντες ὑμνοῦσιν, Γνῶθι σαυτόν καὶ Μηδὲν ἄγαν. τοῦ δὴ ἕνεκα ταῦτα λέγω; ὅτι οὗτος ὁ τρόπος ἦν τῶν παλαιῶν τῆς φιλοσοφίας, βραχυλογία τις Λακωνική· καὶ δὴ καὶ τοῦ Πιττακοῦ ἰδίᾳ περιεφέρετο τοῦτο τὸ ῥῆμα ἐγκωμιαζόμενον ὑπὸ τῶν σοφῶν, τὸ Χαλεπὸν ἐσθλὸν ἔμμεναι.

Platon, Protagoras 343a.

Χίλωνος πυνθανομένου εἴ τις αὐτοῦ σοφώτερος εἴη, ἡ Πυθία ἀνεῖπε·
   Οἰταῖόν τινά φημι Μύσων' ἐνὶ Χηνὶ γενέσθαι
   σοῦ μᾶλλον πραπίδεσσιν ἀρηρότα πευκαλίμῃσι.

πολυπραγμονήσαντα δὲ ἐλθεῖν εἰς τὴν κώμην καὶ εὑρεῖν αὐτὸν θέρους ἐχέτλην ἀρότρῳ προσαρμόττοντα, καὶ εἰπεῖν· „ἀλλ', ὦ Μύσων, οὐχ ὥρα νῦν ἀρότρου". „Καὶ μάλα", εἶπεν, „ὥστε ἐπισκευάζειν".

Diogenes Laërtios 1, 30; 106 (Orakel 245 Parke-Wormell).

Zu ihnen gehörte auch Thales von Milet, Pittakos von Mytilene, Bias von Priene, unser Solon, Kleobulos von Lindos, Myson von Chen, und siebtens wurde zu ihnen auch der Lakedämonier Chilon gezählt. Die waren alle Nacheiferer, Liebhaber und Schüler der spartanischen Bildung. Da kann man verstehen, daß ihre Weisheit derart war: kurze denkwürdige Sprüche, die jeder von ihnen sagte. Sie kamen auch zusammen und brachten ein Erstlingsopfer ihrer Weisheit dem Apoll in dem Tempel zu Delphi, indem sie dort die Inschriften anbrachten, die in aller Munde leben: „Erkenne dich selbst" und „Nichts zu sehr". Weswegen ich das sage ? Weil dies die Art der Alten war zu philosophieren: eine lakonische Kürze. So setzte man auch von Pittakos als seinen persönlichen Ausspruch das Wort in Umlauf, das gepriesen wird von den Weisen: „Es ist schwer, gut zu sein."

Als Chilon fragte, ob jemand weiser sei als er, gab die Pythia das Orakel:
Myson lebt am Oita in Chen; der ist, so verkünd'ich,
Noch weit besser als du mit klugem Geiste versehen.

Neugierig reiste Chilon in das Dorf und fand ihn, wie er mitten im Sommer den Sterz am Pflug befestigte, und sagte: „Aber Myson, jetzt ist doch nicht die Zeit für den Pflug." „Wohl aber", antwortete jener, „ihn herzurichten."

2.

Vita contemplativa bei Platon

Diese Geschichte spielt die schlichte Weisheit eines einfachen Gebirgsbauern gegen den vornehmen Spartaner aus. Da sie voraussetzt, daß solch vornehme Herrn als Weise galten, ist sie ursprünglich geradezu gegen die

weltmännischen und großartigen Sieben Weisen gerichtet und ist sozusagen ein innenpolitisches Gegenstück zu Solons Erzählung, die den schlichten Athener Tellos vor Kroisos als den Glücklichsten darstellt (s. o. S. 50), — sie hat ganz ähnliche Tendenz wie die oben (S. 45) erwähnte delphische Geschichte über Aglaos von Psophis. Platon nimmt also diesen 'delphischen' Zug schon so sehr als das für die Sieben Weisen Charakteristische, daß es als Legitimation ausreicht, um den Bauern in den ihm eigentlich recht fremden Kreis der archaischen Standespersonen einzuführen.

Es zeigt sich also schon hier, wo zum erstenmal einer der Sieben einem anderen Prätendenten weichen muß, daß gerade die ethische Vertiefung dieser Gestalten dazu führt, daß der Kreis der Sieben gesprengt wird, — daß die geschichtliche Lebendigkeit dieser Gestalten leiden mußte, wenn sie zu Idealfiguren gemacht wurden.

Da es natürlich ist anzunehmen, daß eine geistige Erscheinung an ihrem Ursprungsort sich am reinsten darstellt, sieht man, seit die Sieben Weisen an den Anfang der Philosophiegeschichte getreten sind, in ihnen jeweils das Ideal des eigenen Philosophierens. Schon in der eben angeführten Protagoras-Stelle treten die Sieben als die vorbildlichen Philosophen auf, wenn es Platon auch nicht recht ernst damit ist. — Zur Zeit seines Theätet hat Platon die Überzeugung gewonnen, daß die reine Anschauung, die 'Theorie', das Kennzeichen echten Philosophierens ist. Einer volkstümlichen Erzählung über Thales, die eigentlich den lebensfremden Forscher verspottet, gibt er die Wendung, daß sich darin die Großartigkeit des reinen Philosophen zeige:

ΣΩΚΡΑΤΗΣ· Λέγωμεν δή, ὡς ἔοικεν, ἐπεὶ σοί γε δοκεῖ, περὶ τῶν κορυφαίων· ... οὗτοι δέ που ἐκ νέων πρῶτον μὲν εἰς ἀγορὰν οὐκ ἴσασι τὴν ὁδόν, οὐδὲ ὅπου δικαστήριον ἢ βουλευτήριον ἤ τι κοινὸν ἄλλο τῆς πόλεως συνέδριον· νόμους δὲ καὶ ψηφίσματα λεγόμενα ἢ γεγραμμένα οὔτε ὁρῶσιν οὔτε ἀκούουσι· σπουδαὶ δὲ ἑταιριῶν ἐπ' ἀρχὰς καὶ σύνοδοι καὶ δεῖπνα καὶ σὺν αὐλητρίσι κῶμοι οὐδὲ ὄναρ πράττειν προσίσταται αὐτοῖς. εὖ δὲ ἢ κακῶς τις γέγονεν ἐν πόλει, ἢ τί τῳ κακόν ἐστιν ἐκ προγόνων γεγονὸς ἢ πρὸς ἀνδρῶν ἢ γυναικῶν μᾶλλον αὐτὸν λέληθεν ἢ οἱ τῆς θαλάττης λεγόμενοι χόες. καὶ ταῦτα πάντ' οὐδ' ὅτι οὐκ οἶδεν, οἶδεν· οὐδὲ γὰρ αὐτῶν ἀπέχεται τοῦ εὐδοκιμεῖν χάριν, ἀλλὰ τῷ ὄντι τὸ σῶμα μόνον ἐν τῇ πόλει κεῖται αὐτοῦ καὶ ἐπιδημεῖ, ἡ δὲ διάνοια, ταῦτα πάντα ἡγησαμένη σμικρὰ καὶ οὐδέν, ἀτιμάσασα πανταχῇ πέτεται κατὰ Πίνδαρον „τᾶς τε γᾶς ὑπένερθε" καὶ τὰ ἐπίπεδα γεωμετροῦσα „οὐρανοῦ θ' ὕπερ" ἀστρονομοῦσα καὶ πᾶσαν πάντῃ φύσιν ἐρευνωμένη τῶν ὄντων ἑκάστου ὅλου, εἰς τῶν ἐγγὺς οὐδὲν αὐτὴν συγκαθιεῖσα.

ΘΕΟΔΩΡΟΣ· Πῶς τοῦτο λέγεις, ὦ Σώκρατες;

ΣΩΚΡΑΤΗΣ· Ὥσπερ καὶ Θαλῆν ἀστρονομοῦντα, ὦ Θεόδωρε, καὶ ἄνω βλέποντα, πεσόντα εἰς φρέαρ, Θρᾷττά τις ἐμμελὴς καὶ χαρίεσσα θεραπαινὶς ἀποσκῶψαι λέγεται, ὡς τὰ μὲν ἐν οὐρανῷ προθυμοῖτο εἰδέναι, τὰ δ' ἔμπροσθεν αὐτοῦ καὶ παρὰ πόδας λανθάνοι αὐτόν. ταὐτὸν δὲ ἀρκεῖ σκῶμμα ἐπὶ πάντας ὅσοι ἐν φιλοσοφίᾳ διάγουσι. τῷ γὰρ ὄντι τὸν τοιοῦτον ὁ μὲν πλησίον καὶ ὁ γείτων λέληθεν, οὐ μόνον ὅτι πράττει, ἀλλ' ὀλίγου καὶ

74

SOKRATES: Wir wollen denn also, scheint es, da es dir recht ist, über die echten Philosophen sprechen. Sie kennen von Jugend auf nicht den Weg zum Markt und wissen nicht, wo Gericht oder Rathaus oder sonst eine Behörde der Stadt ist. Gesetze und Beschlüsse, das Verhandeln und Beantragen sehen sie nicht und hören sie nicht. Parteikämpfe um Ämter, Versammlungen, Gastereien, das nächtliche Umherziehen mit Flötenspielerinnen — all das kommt ihnen auch im Traum nicht in den Sinn. Ob jemand in der Stadt guter oder schlechter Herkunft ist, ob wer eine Schuld von den Vorfahren, von Vater- oder Mutterseite her trägt, das weiß er noch weniger, als wieviel Kannen Wasser im Meer sind. Und er weiß von all dem nicht einmal, daß er es nicht weiß. Denn er hält sich nicht fern davon, weil es für fein gelte, sondern wirklich ist nur sein Körper in der Stadt und zu Haus; sein Geist aber, dem dies alles klein und nichtig ist, verachtet das; der fliegt, wie Pindar sagt, über die Erde hin und vermißt ihre Flächen, und über den Himmel hinaus und treibt Astronomie und forscht überall nach allem Wesen der Dinge in seiner Ganzheit, ohne sich auf die Dinge in der Nähe niederzulassen.

THEODOROS: Wie meinst du das, Sokrates?

SOKRATES: So wie es in der Geschichte von Thales heißt, mein Theodoros: der beobachtete die Sterne, schaute nach oben — und fiel in eine Zisterne. Da verspottete ihn eine witzige und muntere thrakische Magd: was im Himmel sei, wolle er wissen, aber was vor ihm und zu seinen Füßen liege, das wisse er nicht. Dieser Spott trifft zu auf alle, die in der Philosophie leben. In der Tat, von seinem Nächsten und seinem Nachbarn weiß er nichts, was der treibt, kaum

εἰ ἄνθρωπός ἐστιν ἤ τι ἄλλο θρέμμα· τί δέ ποτ' ἐστὶν ἄνθρωπος καὶ τί τῇ τοιαύτῃ φύσει προσήκει διάφορον τῶν ἄλλων ποιεῖν ἤ πάσχειν, ζητεῖ τε καὶ πράγματ' ἔχει διερευνώμενος.

Platon, Theaetet 24, 173 C—174 B.

ob er ein Mensch ist oder ein anderes Tier. Aber was
der Mensch ist, und was seinem Wesen eigentümlich
ist, im Tun und Leiden, danach fragt er und das zu
erforschen müht er sich.

3.

*Vita contemplativa in der Akademie
und bei Aristoteles,
Vita activa bei Dikaiarch*

*Die Schule Platons hat zunächst diese Deutung der
Sieben Weisen noch weiter ausgebaut und hat sie als
Vertreter des 'reinen' Philosophierens gezeichnet; uns ist
das kenntlich an einer Stelle des sogenannten 'Großen
Hippias', eines unter Platons Namen überlieferten Dialogs aus der Akademie, und an einer zufällig erhaltenen
Äußerung des Platon-Schülers Herakleides vom Pontos.
Beide Bemerkungen sind allerdings sehr viel plumper
als die eben angeführte Geschichte Platons und vor allem
widersprechen sie so offenkundig den geschichtlichen
Tatsachen, daß sie eine Gegenäußerung geradezu provozieren.
Der größte Platon-Schüler, Aristoteles, hält selbst an
dem platonischen Ideal des reinen Forschens fest und
setzt, wie sein Lehrer, dies auch für Thales voraus. Aber
gelegentlich zeigt er an einer alten Geschichte, daß Thales,
wenn er wollte, auch praktischen Nutzen aus seiner*

Wissenschaft (der Astronomie, die nach der Auffassung der Zeit die Meteorologie mit umfaßt) ziehen konnte.

Doch kaum hat die antike Philosophie mit Platon und Aristoteles ihren Höhepunkt erreicht, setzt auch schon in der Schule des Aristoteles ein radikales Mißtrauen ein gegen Platons Glauben, die reine Erkenntnis sei das Höchste im menschlichen Leben. Dikaiarch (um 300 v. Chr.) wertet das praktische Leben höher, das bei Platon hinter dem theoretischen hatte zurückstehen müssen, und ihm verkörperten die Sieben Weisen ein ursprünglich-kräftiges, tätiges Philosophieren, wie er überhaupt seine Sympathie der Urzeit zuwendet, in der, wie er sagt, 'die Menschen den Göttern nahe waren' (Porphyrius, de abstinentia 4, 2). Die Auffassung Dikaiarchs von den Sieben Weisen gibt auch Cicero an einigen Stellen wieder.

Tatsächlich umfaßten die griechischen Wörter für 'Weisheit' und 'weise' in der Frühzeit das Praktische mit, denn sie werden gebraucht vom Handwerker und von anderen, die sich 'auf eine Sache verstehen', und man sprach von weisen Steuerleuten, Wagenlenkern, Dichtern, Gesetzgebern, — ja, wahrscheinlich war Solon, für den es wohl bezeugt ist (s. o. S. 16ff.), nicht der einzige unter den Sieben Weisen, der als Schiedsrichter zwischen den Parteien geradezu zum Staatsgründer wurde (H. Rudolph, Festschr. Snell 75f. zumal über Chilon; vgl. o. S. 34).

Daß sich das Bild der alten Weisen nach dem jeweiligen Lebensideal formt, findet sich natürlich zu allen Zeiten wieder. Gerade der Streit um den Rang von Erkennen und Handeln hat ähnliche Umdeutungen von Philosophen auch sonst veranlaßt. So deutet man, als im Florentiner Quattrocento die Vita activa mehr zu gelten beginnt als die Vita contemplativa, nun auch nicht nur Dante, sondern vor allem Sokrates und Cicero nicht mehr als beschauliche Philosophen, sondern als praktisch Tätige.

Τί ποτε τὸ αἴτιον, ὅτι οἱ παλαιοὶ ἐκεῖνοι, ὧν ὀνόματα μεγάλα λέγεται ἐπὶ σοφίᾳ, Πιττακοῦ τε καὶ Βίαντος καὶ τῶν ἀμφὶ τὸν Μιλήσιον Θαλῆν καὶ ἔτι τῶν ὕστερον μέχρι Ἀναξαγόρου, ὡς ἢ πάντες ἢ οἱ πολλοὶ αὐτῶν φαίνονται ἀπεχόμενοι τῶν πολιτικῶν πράξεων;
Pseudo-Platon, Hippias maior 1, 281c.

Καὶ αὐτὸς δέ φησιν (sc. Θαλῆς), ὡς Ἡρακλείδης ἱστορεῖ, μονήρη αὐτὸν γεγονέναι καὶ ἰδιαστήν.
Diogenes Laërtios 1, 25 = Herakl. Pont. fr. 45 Wehrli.

Ὀνειδιζόντων (τῷ Θαλῇ) διὰ τὴν πενίαν ὡς ἀνωφελοῦς τῆς φιλοσοφίας οὔσης, κατανοήσαντά φασιν αὐτὸν ἐλαιῶν φορὰν ἐσομένην ἐκ τῆς ἀστρολογίας, ἔτι χειμῶνος ὄντος εὐπορήσαντα χρημάτων ὀλίγων ἀρραβῶνας διαδοῦναι τῶν ἐλαιουργείων τῶν τ' ἐν Μιλήτῳ καὶ Χίῳ πάντων, ὀλίγου μισθωσάμενον ἅτ' οὐδενὸς ἐπιβάλλοντος. ἐπειδὴ δ' ὁ καιρὸς ἧκε, πολλῶν ζητουμένων ἅμα καὶ ἐξαίφνης, ἐκμισθοῦντα ὃν τρόπον ἠβούλετο, πολλὰ χρήματα συλλέξαντα ἐπιδεῖξαι, ὅτι ῥᾴδιόν ἐστι πλουτεῖν τοῖς φιλοσόφοις, ἂν βούλωνται, ἀλλ' οὐ τοῦτ' ἐστι περὶ ὃ σπουδάζουσιν.
Aristoteles, Politik A 11, 1259a.

Ὁ δὲ Δικαίαρχος οὔτε σοφοὺς οὔτε φιλοσόφους φησὶν αὐτοὺς γεγονέναι, συνετοὺς δέ τινας καὶ νομοθετικούς.
Diogenes Laërtios 1, 40 = Dikaiarch fr. 30 Wehrli.

(De dictis septem sapientium); Δικαιάρχῳ δὲ οὐδὲ ταῦτα σοφῶν εἶναι ἀνδρῶν δοκεῖ· μὴ γὰρ δή γε τοὺς πάλαι λόγῳ φιλοσοφεῖν· ἀλλ' εἶναι τὴν σοφίαν τότε γοῦν ἐπιτήδευσιν ἔργων καλῶν· χρόνῳ δὲ λόγων ὀχλικῶν γενέσθαι τέχνην· καὶ νῦν μὲν τὸν πιθανῶς διαλεχθέντα μέγαν εἶναι δοκεῖν φιλόσοφον· ἐν δὲ τοῖς πάλαι

Sokrates spricht: Was war der Grund, daß jene Alten, deren Namen so viel gelten in der Philosophie, wie Pittakos und Bias und die aus dem Kreis des Thales und weiter hinab bis zu Anaxagoras, daß sie entweder alle oder doch die meisten sich offenbar von politischen Geschäften ferngehalten haben?

Thales selbst sagt, wie Herakleides erzählt, er habe einsam und für sich gelebt.

Man beschimpfte Thales wegen seiner Armut, die zeige, wie unnütz die Philosophie sei. Da sah Thales, so erzählt man, auf Grund seiner Astronomie eine reiche Ölernte voraus, und noch im Winter, als er gerade ein wenig Geld hatte, sicherte er sich durch eine Anzahlung die gesamten Ölpressen in Milet und Chios; er konnte sie billig mieten, da niemand ihn überbot. Als die Zeit kam, war plötzlich eine starke Nachfrage; da vermietete er sie nach seinen Bedingungen weiter, verdiente viel Geld und bewies, daß Philosophen leicht reich sein können, falls sie wollen, aber daß dies nicht ihr Ziel ist.

Dikaiarch sagt, die Sieben Weisen seien gar nicht 'weise' und Philosophen gewesen, sondern verständige Männer und Gesetzgeber.

Dikaiarch meint, die Sprüche der Sieben 'Weisen' stammten nicht von Weisen, denn die Alten hätten nicht mit dem bloßen Wort philosophiert. Sondern damals habe die Weisheit in der Leistung guter Werke bestanden, mit der Zeit sei sie aber zu einer Kunst langweiliger Worte geworden. Und jetzt scheine der ein großer Philosoph zu sein, der überzeugend dispu-

χρόνοις ὁ ἀγαθὸς μόνος ἦν φιλόσοφος, εἰ καὶ μὴ περι-
βλέπτους καὶ ὀχλικούς ἀσκοῖτο λόγους· οὐ γὰρ ἐζήτουν
ἐκεῖνοί γε εἰ πολιτευτέον οὐδὲ πῶς· ἀλλ' ἐπολιτεύοντο
αὐτοὶ καλῶς.

Ineditum Vaticanum ed. Arnim, Hermes 27, 120 = Dikaiarch
fr. 31 Wehrli.

(Σόλων) φιλοσοφίας τὸ ἠθικὸν μάλιστα καὶ πολιτι-
κόν, ὥσπερ οἱ πλεῖστοι τῶν τότε σοφῶν, ἠγάπησεν. ἐν
δὲ τοῖς φυσικοῖς ἁπλοῦς ἐστι λίαν καὶ ἀρχαῖος, ὡς δῆλον
ἐκ τούτων·

ἐκ νεφέλης πέλεται χιόνος μένος ἠδὲ χαλάζης·
βροντὴ δ' ἐκ λαμπρᾶς γίνεται ἀστεροπῆς.
ἐξ ἀνέμων δὲ θάλασσα ταράσσεται· ἦν δέ τις αὐτήν
μὴ κινῇ, πάντων ἐστὶ δικαιοτάτη.

καὶ ὅλως ἔοικεν ἡ Θάλεω μόνον σοφία τότε περαιτέρω
τῆς χρείας ἐξικέσθαι τῇ θεωρίᾳ· τοῖς δὲ ἄλλοις ἀπὸ τῆς
πολιτικῆς ἀρετῆς τοὔνομα τῆς σοφίας ὑπῆρξε.

Plutarch, Solon 3 (vgl. Augustin, Gottesstaat 8, 2).

Eos vero septem, quos Graeci sapientes nominave-
runt, omnes paene video in media re publica esse ver-
satos.

Cicero, de republica 1, 7, 12.

Septem fuisse dicuntur uno tempore, qui sapientes
et haberentur et vocarentur. hi omnes praeter Mile-
sium Thalen civitatibus suis praefuerunt.

Cicero, de oratore 3, 34, 137.

Nam qui septem appellantur, eos qui illa subtilius
quaerunt in numero sapientium non habent.

Cicero, de amicitia 2, 7.

tiere. In alten Zeiten war nur der Tüchtige Philosoph, auch wenn er keine langweiligen Sätze austiftelte, mit denen er imponieren konnte. Denn jene beschäftigten sich nicht mit dem Problem, ob man Politik treiben solle oder wie, sondern sie trieben Politik, und zwar gute.

Solon schätzte an der Philosophie das Ethische und Politische am meisten, wie die Mehrzahl der damaligen Weisen. Im Naturphilosophischen war er allzu einfach und primitiv, wie das Folgende zeigt:

Aus den Wolken entspringt die Gewalt des Schnees
und des Hagels;
Donnergrollen entsteht aus dem aufleuchtenden
Blitz.
Aus den Winden kommt Aufruhr der See; doch wenn
sich die Wogen
Glätten, — nichts auf der Welt ist dann so friedlich
wie sie.

Und überhaupt scheint allein des Thales Weisheit damals über das Nützliche hinausgegangen zu sein durch Theorie; den anderen ward aus ihrer politischen Tüchtigkeit der Titel der Weisheit.

Die Sieben, die die Griechen die Weisen nannten, haben fast alle, wie ich sehe, mitten im Staatsleben gestanden.

Die Sieben, die für weise galten und die Weisen hießen, sollen gleichzeitig gelebt haben. Sie alle, außer Thales von Milet, standen an der Spitze ihrer Staaten.

Diejenigen, die es genauer untersuchen, zählen die sogenannten Sieben nicht zu den Weisen.

4.

Vita et contemplativa et activa

Die Behauptung Dikaiarchs, die Sieben Weisen seien Vertreter des praktischen Lebens gewesen, hat natürlich ein gewisses Recht gegenüber dem Versuch, sie zu Anhängern einer vita contemplativa zu machen. Aber trotzdem ist es nicht einfache praktische Tüchtigkeit gewesen, die sie in alter Zeit als 'Weise' hat erscheinen lassen, sondern selbstverständlich ihre geistige Überlegenheit, wie die oben angeführten ältesten Zeugnisse genügend erkennen lassen. Man sehe nur, wie darin der Zug hervortritt, daß sie über irgendwelchen Parteien gestanden und klug vermittelt haben. Das bedeutet nicht nur, daß sie weise Herrscher gewesen sind, was nur wenige von ihnen

waren, sondern daß sie in einer Zeit, als es noch keine feste Form des Staates und darum auch noch keine Staatsverträge gab, als Schiedsrichter auftraten und so für ein Recht sorgten, das noch keine festen juristischen Formen gefunden hatte. Auch gerade die ältesten Sprüche, so sehr sie an das Praktische geknüpft sind, schon weil sie fast durchweg Mahnungen enthalten, sind gehaltvoll nur, insofern sie ganz allgemein-menschlich sind; gerade das unterscheidet ihre Mehrzahl von den meisten der späteren, sehr viel praktischeren Sentenzen, die man den Sieben beilegte. Dies Geistige war selbstverständlich in ihrer eigenen Zeit das Charakteristische an diesen Männern und charakteristisch ist vor allem, daß Thales, der „Theoretische" unter ihnen, meist an erster Stelle erscheint. Wenn also Dikaiarch sich von der Problematik eines modernen geistigen Lebens zurückwendet zu einer vermeintlichen ursprünglichen Einheit von Wissen und Leben, so liegt einige sentimentale Romantik darin. Zudem bleibt bei ihm die Erörterung, ob der Philosoph sich politisch betätigen soll, recht akademisch. Diejenigen der Sieben Weisen, die sein Ideal erfüllen, standen jedenfalls von vorneherein im politischen Leben ihrer Zeit, während ein Philosoph zur Zeit Dikaiarchs wenig Möglichkeit zum Politisieren hatte und zufrieden sein mußte, wenn die hellenistischen Monarchen ihm Ruhe für seine Studien ließen. Für Cicero haben dann allerdings Dikaiarchs Lehren eine echtere Bedeutung gewonnen, als sie für diesen selbst besessen hatten.

Später hat man versucht, die Auffassung Dikaiarchs mit der platonischen auszugleichen und den Sieben Weisen sowohl die Praxis als die Theorie zuzusprechen. Damit kam man zwar der historischen Wahrheit näher als mit einer der einseitigen Thesen, aber solange man bei diesem Sowohl-Als-auch stehen blieb, ohne das Verhältnis von Theorie zu Praxis bei den Sieben Weisen genauer festzulegen, — und das ist, scheint es, nirgends versucht —, geriet man damit nur in fruchtlose Kompromisse:

Δοκεῖ δὲ καὶ ἐν τοῖς πολιτικοῖς ἄριστα βεβουλεῦσθαι. Κροίσου γοῦν πέμψαντος πρὸς Μιλησίους ἐπὶ συμμαχίᾳ ἐκώλυσεν· ὅπερ Κύρου κρατήσαντος ἔσωσε τὴν πόλιν.
Diogenes Laërtios 1, 25.

Πιττακὸς ὁ Μυτιληναῖος οὐ μόνον ἐν σοφίᾳ θαυμαστὸς ἦν, ἀλλὰ καὶ πολίτης ἐγένετο τοιοῦτος οἷον ἕτερον οὐκ ἤνεγκεν ἡ νῆσος, δοκῶ δ' οὐδ' ἂν ὕστερον ἐνέγκαι, μέχρι ἂν τὸν οἶνον φέρῃ πλείω τε καὶ ἡδίω. νομοθέτης τε γὰρ ἀγαθὸς ὑπῆρχε κἂν τοῖς κατὰ μέρος πρὸς τοὺς πολίτας κοινὸς καὶ φιλάνθρωπος, καὶ τὴν πατρίδα τριῶν τῶν μεγίστων συμφορῶν ἀπέλυσε, τυραννίδος, στάσεος, πολέμου.
Diodor 9, 11, 1.

Thales scheint auch ausgezeichnete politische Ratschläge gegeben zu haben. Als Kroisos eine Gesandtschaft nach Milet wegen eines Bündnisses schickte, verhinderte er dies, was, als Kyros zur Macht gekommen war, die Stadt rettete.

Pittakos von Mytilene war nicht nur groß in Weisheit, sondern war auch ein Staatsbürger, wie ihn die Insel sonst nicht hervorgebracht hat und ihn wohl kaum noch hervorbringen wird, solange sie nicht noch mehr und noch süßeren Wein trägt. Denn er war ein guter Gesetzgeber, auch im einzelnen gegen die Bürger gerecht und menschlich, und er befreite seine Heimat von den drei größten Unglücken, von Tyrannei, Bürgerzwist und Krieg.

5.

Bildung und Natur

Der Gedanke, die Sieben Weisen als vorbildliche Philosophen hinzustellen, hatte diese Gestalten von neuem ins Großartige erhoben, und an ihnen hatte sich das Denken über Sinn und Aufgabe des Philosophierens geklärt. Aber je mehr sie nun als Vorbilder angesehen wurden, desto mehr wurden sie auf bestimmte einzelne Gedanken hin stilisiert, mit allgemeinen Ideen belastet; solange diese Ideen philosophisch waren, schuf das noch einen Ersatz für die unmittelbare Frische. Aber als dieser Vorbild-Gedanke rein pädagogisch genommen wurde, war es schnell so weit, daß die Sieben Weisen ihr Leben verloren. Ihre Worte entspringen nun nicht mehr konkreten lebendigen Situationen, so daß die Situation in diesem Wort ihren Sinn enthüllt oder gelöst wird, sondern die Situationen sind nur dazu da — und oft mühselig dazu konstruiert, — um ein vorbildlich tugendhaftes oder weises Wort an den Mann zu bringen. — Die Sophisten und Rhetoren des 4. Jahrhunderts v. Chr. bildeten einen neuen Stolz des Menschen aus: den Stolz auf seine Bil-

dung. Wo man früher allgemein von dem Menschen sprach, dachte man als Gegensatz die Götter und daher an die Unzulänglichkeit des Menschen. Gerade die Sieben Weisen hatten ihre Bedeutung dadurch gewonnen, daß sie mit den delphischen Lehren von Selbstbescheidung und Maß diese Anschauungen über das Wesen des Menschen vertreten hatten. Aber jetzt fühlte man sich „humanistisch" (das Wort geht letzten Endes auf diese Zeit zurück) im Gegensatz zum blöden Tier und zum Barbaren. Dies färbte wieder auf das Bild der Sieben Weisen ab; typisch dafür ist eine Geschichte bei Hermipp (ca. 250 v. Chr.).

Aber wie in den philosophischen Diskussionen über das Lebensideal eine bestimmte These schnell die Antithese hervorrief, so ist auch zu diesem Ideal des 'gebildeten' Weisen bald ein Gegenbild geschaffen; ja diese Gegenstimme vernehmen wir schon erheblich früher, da schon der Historiker Ephoros um 340 v. Chr. einen echten Barbaren, den Anacharsis, in den Kreis der Sieben eingeführt hat (s. auch oben S. 6), um ihn die 'Natur' gegen die 'Bildung' verteidigen zu lassen; und diesem Anacharsis ist das Tier nun gerade das 'Natürliche', ja, die Wildheit der Bestie ist ihm natürlicher als Recht und Gesetz. Liebenswürdiger spielt kurze Zeit später ein junger Liebhaber bei Menander (fr. 612) den Anacharsis aus: wenn dieser Skythe oder ein Neger „von Natur gut" ist, hat das mehr Wert als würdige Ahnen, die die Mutter offenbar für eine Schwiegertochter verlangt. Der Sohn ist wohl in eine Sklavin verliebt und verteidigt sich mit dem, was er aus neurer Philosophie gelernt hat. Bei Menander dürfte sich freilich herausstellen, daß das Mädchen gar keine Sklavin ist.

Eine Ergänzung zu dem durch Diodor und dessen Exzerptor überlieferten Auszug aus der Geschichte des Ephoros gibt offenbar das, was zur Erklärung des Sprichworts „Der Phryger hat recht" von antiken Lexikographen überliefert ist.

Ἕρμιππος ἐν τοῖς Βίοις εἰς Θαλῆν ἀναφέρει τὸ λεγό
μενον ὑπό τινων περὶ Σωκράτους. ἔφασκε γάρ, φασί,
τριῶν τούτων ἔνεκα χάριν ἔχειν τῇ τύχῃ· πρῶτον μὲν
ὅτι ἄνθρωπος ἐγενόμην καὶ οὐ θηρίον, εἶτα ὅτι ἀνὴρ καὶ
οὐ γυνή, τρίτον ὅτι Ἕλλην καὶ οὐ βάρβαρος.
Diogenes Laërtios 1, 33.

Καὶ τὸν Ἀνάχαρσιν δὲ σοφὸν καλῶν ὁ Ἔφορος τούτου
τοῦ γένους (sc. Σκύθην) φησὶν εἶναι, νομισθῆναι δὲ καὶ
τῶν ἑπτὰ σοφῶν ἐπ᾽ εὐτελείᾳ καὶ σωφροσύνῃ καὶ συνέ
σει· εὑρήματά τε αὐτοῦ λέγει τά τε ζώπυρα καὶ τὴν
ἀμφίβολον ἄγκυραν καὶ τὸν κεραμικὸν τροχόν.
Strabon 7, 3, 9 (F. Gr. Hist. 70 F 42).

Καὶ τὸν σοφὸν δὲ Ἀνάχαρσιν ἐκ τῶν Νομαδικῶν φησὶ
(sc. Ἔφορος) γενέσθαι τῶν σφόδρα εὐσεβεστάτων.
Periplus Ponti Euxini 49 (F. Gr. Hist. 70 F 158).

Ὁ Κροῖσος μετεπέμπετο ἐκ τῆς Ἑλλάδος τοὺς ἐπὶ
σοφίᾳ πρωτεύοντας, ἐπιδεικνύμενος τὸ μέγεθος τῆς
εὐδαιμονίας, καὶ τοὺς ἐξυμνοῦντας τὴν εὐτυχίαν αὐτοῦ
ἐτίμα μεγάλαις δωρεαῖς... παρεγενήθη δὲ πρὸς αὐτὸν
Ἀνάχαρσις ὁ Σκύθης καὶ Βίας καὶ Σόλων καὶ Πιττα
κός, οὓς ἐπὶ τὰς ἑστιάσεις καλῶν κατὰ συνέδριον εἶχεν
ἐν μεγίστῃ τιμῇ, τόν τε πλοῦτον αὐτοῖς ἐπιδεικνύμενος
καὶ τὸ μέγεθος τῆς δυναστείας. παρὰ δὲ τοῖς πεπαιδευ
μένοις τῆς βραχυλογίας τότε ζηλουμένης, ὁ Κροῖσος
ἐπιδειξάμενος τὴν τῆς βασιλείας εὐδαιμονίαν τοῖς ἀν
δράσι καὶ τὸ πλῆθος τῶν κεχειρωμένων ἐθνῶν ἠρώτη
σεν Ἀνάχαρσιν, ὄντα πρεσβύτερον τῶν σοφιστῶν, τίνα
νομίζει τῶν ὄντων ἀνδρειότατον. ὁ δὲ τὰ ἀγριώτατα
τῶν ζῴων ἔφησε· μόνα γὰρ προθύμως ἀποθνῄσκειν
ὑπὲρ τῆς ἐλευθερίας. ὁ δὲ Κροῖσος νομίσας ἡμαρτηκέναι

Hermipp in seinen Biographien überträgt auf Thales die Geschichte, die von einigen über Sokrates erzählt wird, daß er nämlich zu sagen pflegte: Für diese drei Dinge bin ich dem Schicksal dankbar: daß ich erstens als Mensch geboren bin und nicht als Tier, zweitens als Mann und nicht als Weib, drittens als Grieche und nicht als Barbar.

Den Anacharsis nennt Ephoros weise und sagt, er gehöre zum Stamm der Skythen. Er würde aber zu den Sieben Weisen gerechnet wegen seiner Genügsamkeit, Besonnenheit und Vernunft. Als seine Erfindungen nennt er den Blasebalg, den Doppelanker und die Töpferscheibe.

Ephoros sagt, der weise Anacharsis stamme von den außerordentlich frommen Nomaden.

Kroisos holte sich aus Griechenland die, die an Weisheit die ersten waren, um die Größe seines Glücks sehen zu lassen; und wer sein gutes Geschick pries, den ehrte er mit großen Geschenken. Es kamen aber zu ihm der Skythe Anacharsis, Bias, Solon und Pittakos; die lud er ein zum Schmaus auf dem Rathaus und hielt sie in hoher Ehre. Und er ließ sie seinen Reichtum schauen und die Größe seiner Macht. Vor ihnen, deren Bildung in der kurzen *lakonischen* Rede bestand, die man damals erstrebte, stellte Kroisos, nachdem er die Männer seine Schätze hatte schauen lassen und die Menge der unterworfenen Völker, dem Anacharsis die Frage, da er der Älteste der Weisen war: „Welches Wesen hältst du für das tapferste?" Der antwortete: „Die wildesten Tiere, denn sie allein sterben gern für die Freiheit." Kroisos hielt die Ant-

αὐτόν, ἐν τῷ δευτέρῳ πρὸς χάριν αὐτῷ ποιήσεσθαι τὴν ἀπόκρισιν ὑπολαβὼν ἠρώτησε, τίνα δικαιότατον κρίνει τῶν ὄντων. ὁ δὲ πάλιν ἀπεφαίνετο τὰ ἀγριώτατα τῶν θηρίων· μόνα γὰρ κατὰ φύσιν ζῆν, οὐ κατὰ νόμους· εἶναι γὰρ τὴν μὲν φύσιν θεοῦ ποίησιν, τὸν δὲ νόμον ἀνθρώπου θέσιν, καὶ δικαιότερον εἶναι χρῆσθαι τοῖς τοῦ θεοῦ ἢ τοῖς τῶν ἀνθρώπων εὑρήμασιν. ὁ δὲ διασῦραι βουλόμενος Ἀνάχαρσιν ἠρώτησεν, εἰ καὶ σοφώτατα τὰ θηρία. ὁ δὲ συγκαταθέμενος ἐδίδασκεν, ὅτι τὴν τῆς φύσεως ἀλήθειαν τῆς τοῦ νόμου θέσεως προτιμᾶν ἰδιώτατον ὑπάρχει σοφίας. ὁ δὲ τούτου κατεγέλασεν ὡς ἐκ τῆς Σκυθίας καὶ θηριώδους διαγωγῆς πεποιημένου τὰς ἀποκρίσεις.

Ἠρώτησε δὲ τὸν Σόλωνα τίνα τῶν ὄντων εὐδαιμονέστατον ἑώρακεν, ὡς τοῦτό γε πάντως ἀποδοθησόμενον ἑαυτῷ. τοῦ δὲ εἰπόντος ὡς οὐδένα δικαίως ἂν εἰπεῖν ἔχοι διὰ τὸ μηδενὸς τῶν ὄντων ἑωρακέναι τὸ τέλος τοῦ βίου, οὗ χωρὶς οὐδεὶς ἂν προσηκόντως μακάριος νομίζοιτο· πολλάκις γὰρ οἱ τὸν ἔμπροσθεν πάντα βίον εὐδαίμονες δόξαντες εἶναι πρὸς αὐτῇ τῇ τοῦ βίου καταστροφῇ μεγίσταις περιέπεσον συμφοραῖς. ὁ δὲ βασιλεύς, Οὐδὲ πλουσιώτατον ἄρα με κρίνεις; ἔφη. καὶ ὁ Σόλων τὴν αὐτὴν ἀπόκρισιν ποιησάμενος ἐδίδασκεν ὡς οὐ τοὺς πλεῖστα κεκτημένους, ἀλλὰ τοὺς πλείστου ἀξίαν τὴν φρόνησιν ἡγουμένους νομιστέον πλουσιωτάτους· ἡ δὲ φρόνησις οὐδενὶ τῶν ἄλλων ἀντίρροπος οὖσα μόνους ποιεῖ τοὺς αὐτὴν περὶ πολλοῦ ποιουμένους μέγιστον καὶ βεβαιότατον ἔχειν πλοῦτον. ἠρώτησε καὶ τὸν Βίαντα, πότερον ὀρθῶς ἐποιήσατο τὴν ἀπόκρισιν ὁ Σόλων ἢ διήμαρτεν. ὁ δὲ ὑπειπών, Ὀρθῶς, ἔφη· τὰ γὰρ ἔν σοι βούλεται θεωρήσας ἀγαθὰ διαγνῶναι, νυνὶ δὲ τὰ παρά

wort nicht für richtig, aber in der Hoffnung, beim zweitenmal würde er ihm einen Gefallen tun, ließ er sie gelten und fragte: „Welches Wesen hältst du für das gerechteste?" Der erklärte wieder: „Die wildesten Tiere, denn sie allein leben nach der Natur, nicht nach Gesetzen. Denn die Natur ist Gottes Schöpfung, das Gesetz Menschensatzung, und es ist gerechter, sich an Gottes als sich an der Menschen Werk zu halten." Da wollte sich Kroisos über ihn lustig machen und fragte, ob die Tiere auch am weisesten wären. Anacharsis stimmte ihm zu und belehrte ihn: die Wahrheit der Natur höher zu achten als die Willkür des Gesetzes, sei das Wesentliche der Weisheit. Da verlachte Kroisos ihn, da er seine Antworten aus Skythien und aus dem Tierleben gegeben hätte.

Dann fragte er Solon, wer unter den Lebenden der glücklichste sei, den er gesehen hätte, in der Hoffnung, daß dies jedenfalls ihm zufallen würde. Der aber antwortete, daß er keinen mit Recht nennen könne, da er von den Lebenden das Lebensende nicht gesehen hätte; ohne dies aber könne man keinen mit Fug für glücklich halten; denn oft seien die, die vorher ihr ganzes Leben hindurch glücklich zu sein schienen, gerade noch nah am Ende ihres Lebens von den schwersten Schicksalsschlägen getroffen. Da sprach der König: „Hältst du mich denn etwa auch nicht einmal für den reichsten?" Solon gab die gleiche Antwort und belehrte ihn, daß man nicht die für die Reichsten halten dürfe, die die meisten Schätze gesammelt hätten, sondern die, die das Denken für den größten Schatz hielten. Denn das Denken wird durch nichts anderes aufgewogen, und nur denen, die das Denken hoch schätzen, gibt es den größten und sichersten Reichtum. Kroisos fragte auch Bias, ob Solon richtig geantwortet habe oder nicht. Der sagte: „Richtig; denn er wollte in dir Schätze sehen

σοι μόνον ἑώρακεν· εἶναι δὲ δι' ἐκεῖνα μᾶλλον ἢ ταῦτα τοὺς ἀνθρώπους εὐδαίμονας. ὁ δὲ βασιλεύς, 'Αλλ' εἰ τὸν τῶν χρημάτων, ἔφησε, πλοῦτον μὴ προτιμᾷς, τό γε πλῆθος τῶν φίλων ὁρᾷς τοσοῦτον ὑπάρχον ὅσον οὐδενὶ τῶν ἄλλων. ὁ δὲ καὶ τοῦτον ἀπεφήνατο τὸν ἀριθμὸν ἄδηλον εἶναι διὰ τὴν εὐτυχίαν.

Πρὸς δὲ Πιττακὸν εἰπεῖν φασι, Ποίαν ἑώρακας ἀρχὴν κρατίστην; τὸν δὲ ἀποκριθῆναι, τὴν τοῦ ποικίλου ξύλου, διασημαίνοντα τοὺς νόμους.

Diodor 9, 26—27 (aus Ephoros, vgl. Jacoby, F. Gr. Hist. zu 70 F 58—62).

Οἱ ἑπτὰ σοφοὶ ἐρωτώμενοι ὑπὸ Κροίσου, τίς τῶν ὄντων εὐδαιμονέστατος, οἱ μὲν ἀπεκρίναντο· τὰ ἄγρια ζῶα· ὑπὲρ γὰρ τῆς αὐτονομίας ἀποθνήσκει· οἱ δὲ πελαργούς· δίχα γὰρ νόμου τῇ φύσει τὸ δίκαιον ἔχουσι· Σόλων δέ, οὐδένα πρὸ τῆς τελευταίας ἡμέρας. παρεστὼς δὲ Αἴσωπος ὁ Φρύξ, ὁ λογοποιός, τοσοῦτον, εἶπεν, ὑπερέχεις τῶν ἄλλων, ὅσον θάλασσα ποταμῶν. ἀκούσας δὲ Κροῖσος εἶπε· μᾶλλον ὁ Φρύξ.

Photius und Suda s. v. μᾶλλον ὁ Φρύξ. Demo π. παροιμιῶν (ed. Crus., Suppl. paroem. Hild. II 133), Apost. XI 3.

Αἴσωπος εἶπεν, ὡς οὐκ οἴδασιν οὗτοι ὁμιλεῖν δυνάστῃ· καὶ γὰρ ὡς ἥκιστα δεῖν ἢ ὡς ἥδιστα συμβιοῦν τοῖς τοιούτοις.

Diodor 9, 28 (aus Ephoros); vgl. Plut. vit. Sol. 28.

und erkennen, jetzt hat er sie nur bei dir gesehen. Durch jene aber, meint er, sind die Menschen glücklicher als durch diese." Darauf sprach der König: „Aber wenn du den Reichtum an Hab und Gut nicht gelten läßt, so siehst du doch bei mir eine Fülle der Freunde wie bei keinem anderen." Der antwortete, auch diese Zahl sei ungewiß wegen des Glücks.

Zu Pittakos sprach er: „Welches ist die mächtigste Herrschaft, die du gesehen hast?" Der antwortete: „Die des gemalten Brettes"; damit meinte er die Gesetze, *die auf Holztafeln aufgeschrieben wurden.*

Da die Sieben Weisen von Kroisos gefragt wurden, welches unter allen Wesen das Glücklichste sei, antworteten einige: „Die wilden Tiere, denn sie sterben für die Freiheit", — andere aber: „Die Störche, denn auch ohne Gesetz besitzen sie von Natur Gerechtigkeit" *(denn sie ernähren ihre Eltern)*. Solon meinte: „Niemand vor seinem letzten Tag". Der Phryger Äsop jedoch, der Fabeldichter, der dabeistand, sagte: „Du übertriffst die anderen wie das Meer die Flüsse". Als Kroisos das hörte, sagte er: „Der Phryger hat recht".

Äsop aber sagte *(von den Sieben Weisen)*: „Diese wissen nicht mit einem Herrscher umzugehen. Solchen soll man sich möglichst unsichtbar oder möglichst angenehm machen".

Diese Erzählungen knüpfen an Herodot an. Auch Anacharsis wird schon dort erwähnt. Herodot hebt seine Weisheit hervor (4, 46 und 76), ohne ihn aber zu den Sieben Weisen zu rechnen; er erzählt nur, Anacharsis habe viele Länder gesehen und dabei viel Weisheit gezeigt. Als er nach Skythien zurückkam, sei er getötet worden, weil er griechisches Wesen angenommen habe. Bei Herodot geht also seine Weisheit damit zusammen, daß er seine skythischen Sitten abstreift. Ephoros jedoch kehrt gerade das Unzivilisierte des Anacharsis hervor und stellt dies im Sinn des Sokrates-Schülers Antisthenes und dessen kynischer Schule als das ‚Weise‘ und ‚Natürliche‘ hin. Das Zurückgreifen auf Schlichtheit und Natur, das wir schon in den Erzählungen von Tellos und von Myson gefunden haben (s. o. S. 50 u. 70), wird hier also noch radikaler: Tellos vertrat gegenüber der orientalischen Macht des Kroisos das Glück einer bescheidenen, in seinem Kreis wertvollen Existenz, Myson gegenüber der anspruchsvollen Weisheit des Chilon die schlichte praktische Fürsorge des Bauern. Anacharsis dagegen spielt ein recht rohes, aber mit Philosophemen drapiertes Naturburschentum gegen die Zivilisation aus. Auch Solon hat sich verändert: Bei Herodot setzt er nur die wesentlicheren Vorzüge eines Griechen gegenüber den imponierenden Werten des Kroisos ins rechte Licht. Bei Ephoros doziert er aufdringlich und ist selbst nichts als

das Sprachrohr für bestimmte Maximen, um Kroisos zu belehren und ad absurdum zu führen. Vor lauter Moral werden die Weisen recht knotig und finden sich mit dem Leser zusammen in dem satten Gefühl: dem haben wir es aber gegeben.

In diesen Umkreis gehört noch eine andere Geschichte bei Diodor von einem der Weisen und Kroisos, die sich freilich nicht mit gleich großer Sicherheit auf Ephoros zurückführen läßt. Sie ist ebenfalls eine Gegengeschichte zu Herodot. Dieser erzählt (6, 125), daß Kroisos den Athener Alkmeon zum Dank für eine Gefälligkeit nach Sardes gebeten und ihm dort erlaubt hätte, sich soviel Geld aus einer Schatzkammer zu holen, wie er an seinem Leib tragen könnte. Da sei Alkmeon mit einem weiten, bauschigen Gewand und mit Riesenstiefeln gekommen, habe sich alles vollgestopft und sich sogar noch die Haare und den Mund voll Goldstaub getan. ,So kam er aus der Schatzkammer heraus', erzählt Herodot, ,kaum imstande, seine Stiefel zu schleppen, allem anderen eher ähnlich als einem Menschen, — sein Mund war vollgestopft und alles gedunsen. Da Kroisos dies sah, mußte er lachen, und er gab ihm all dies und schenkte ihm obendrein nicht weniger als dies.' — Im Gegensatz dazu wird Pittakos bei Diodor als ,Vorbild' geschildert.

In ebenso unwahrscheinlicher Weise wird Pittakos moralisiert durch die Erzählung, die bei Diodor unmittelbar folgt. — In ähnlichem Geist macht man die Legende, daß der König einst die Handmühle drehen mußte, erbaulicher: jetzt soll er so auf nutzbringende Weise Gymnastik getrieben haben.

Ähnliche Tendenz wie die erste Pittakosgeschichte hat schließlich eine Anekdote über Bias, die Cicero überliefert und die besonders berühmt geworden ist. (Sie wird übrigens sonst auch von dem megarischen Philosophen Stilpon, einem Zeitgenossen Alexanders des Großen, oder von dem Dichter Simonides erzählt.)

Σύμφωνα τούτοις ἔπραξε καὶ πρὸς Κροῖσον διδόντα τῶν ἐκ τοῦ γαζοφυλακείου χρημάτων λαβεῖν ὁπόσα βούλοιτο. καὶ γὰρ τότε τὴν δωρεὰν οὐ προσδεξάμενόν φασιν εἰπεῖν, καὶ νῦν ἔχειν ὧν ἤθελε διπλάσια. θαυμάσαντος δὲ τοῦ Κροίσου τὴν ἀφιλαργυρίαν καὶ περὶ τῆς ἀποκρίσεως ἐπερωτήσαντος, εἰπεῖν ὡς τελευτήσαντος ἄπαιδος τἀδελφοῦ κεκληρονομηκὼς οὐσίαν εἴη τὴν ἴσην ἥπερ εἶχεν, ἣν οὐχ ἡδέως προσειληφέναι.
Diodor 9, 12, 2.

Τὸν ποιητὴν Ἀλκαῖον, ἐχθρότατον αὐτοῦ γεγενημένον καὶ διὰ τῶν ποιημάτων πικρότατα λελοιδορηκότα, λαβὼν ὑποχείριον ἀφῆκεν, ἐπιφθεγξάμενος ὡς συγγνώμη τιμωρίας αἱρετωτέρα.
Diodor 9, 12, 3.

(Πιττακῷ) γυμνασία ἦν σῖτον ἀλεῖν.
Diog. Laёrt. 1, 81 = Klearch fr. 71 Wehrli.

Nec non saepe laudabo sapientem illum, Biantem, ut opinor, qui numeratur in septem: cuius cum patriam Prienam cepisset hostis ceterique ita fugerent, ut multa de suis rebus asportarent, cum esset admonitus a quodam ut idem ipse faceret, „ego vero“ inquit „facio; nam omnia mecum porto mea.“
Cicero, paradoxa Stoicorum 1, 8.

Übereinstimmend damit *(mit seiner Ablehnung der Habgier)* handelte *Pittakos* auch gegenüber Kroisos, der ihm gewährte, von den Gegenständen aus seiner Schatzkammer zu nehmen, soviel er wollte. Denn damals, erzählt man, habe er das Geschenk nicht angenommen, sondern habe gesagt, schon jetzt besäße er doppelt soviel als ihm lieb sei. Als Kroisos sich wunderte, wie gering er das Geld schätze, und ihn wegen dieser Antwort fragte, habe er erwidert: „Mein Bruder ist kinderlos gestorben, und da habe ich ebensoviel Vermögen geerbt, wie ich schon hatte. Das habe ich nicht mit Freuden genommen."

Den Dichter Alkaios, der sein ärgster Feind war und ihn in seinen Gedichten übel beschimpft hatte, ließ er frei, als dieser ihm in die Hände gefallen war, und sagte: „Verzeihung ist besser als Rache."

Pittakos trainierte seinen Körper, indem er Korn mahlte.

Und ich will oft den Weisen loben, es war ja wohl Bias, der zu den Sieben zählt: als sein Vaterland Priene der Feind erobert hatte, und die übrigen so flohen, daß sie viel Eigentum forttrugen, da sagte er, als jemand ihn aufforderte, dasselbe zu tun: „Das tu ich ja; denn all das Meine trag ich bei mir."

Sentenzen

Die Sentenz, ursprünglich wohl das Bedeutsamste an den Weisen, die auch in der alten Dichtung Gewicht besessen hatte, wurde mit der Zeit immer trivialer. Im ausgehenden 4. Jahrhundert, als man anfing Zitate zu sammeln und Anthologien herzustellen, — als ein feinerer Geist wie Menander in seinen Komödien nur noch Sklaven in Sentenzen reden ließ, — hat man auf die Sieben Weisen, die ihrerseits zu immer blutleereren Idealfiguren wurden, die Kernsprüche im großen gehäuft. Vor allem gab es eine vielbenutzte Sammlung, die uns unter dem Namen des Staatsmanns und Philosophen Demetrios von Phaleron (etwa 350—280) überliefert ist. Ich habe sie hier nicht einmal ganz aufgenommen, sondern einige korrupte und einige ganz triviale Sprüche ausgelassen. So wenig weise noch die meisten der hier abgedruckten Sentenzen sind, immerhin ist lehrreich, wie einige dieser Vorschriften von unsern moralischen Anschauungen abweichen.

Es folgen vier kleine Sammlungen von ‚Antworten‘ der Sieben Weisen, ebenfalls nur kurze Proben einer einst reichen Gattung. Auch solche Stücke mögen in frühe Zeit hinaufreichen, obwohl sie aus viel späterer überliefert sind. Ausgangspunkt ist immer eine Superlativ-Frage der Form: was ist das Weiseste? Was ist das Beste? oder ähnlich. Antworten auf solche Fragen schrieb man besonders gern den Sieben Weisen zu (Jamblich, Leben des Pythagoras, 82f.). Schon in der alten Legende hatte Kroisos den Solon gefragt: Wer ist der Glücklichste? (s. o. S. 50ff.) — und bei Ephoros hatten sich diese Fragen schon gehäuft (s. o. S. 90ff.). Immerhin wurde hier noch nach bestimmten Personen gefragt, und vollends bei Herodot waren diese Fragen noch streng an eine bestimmte Situation gebunden; jetzt aber lauten die Fragen

nicht mehr: Wer...?, sondern ganz allgemein: Was...?
— Das erste Stück mit den Antworten des Thales ist in
seinem vermutungsweise ältesten Bestand aus mehreren
späteren Brechungen hergestellt. Thales antwortet im
Ton religiöser Urweisheit, und noch neuste Forschung
hat viel Tiefsinn darin vermutet. — Das zweite und
dritte Stück, von Plutarch (etwa 46 bis 120 n. Chr.) überliefert, ist hier der plutarchischen Stilisierung entkleidet,
da in der ursprünglichen schematischeren Form die
Pointen besser herauskamen. — Das vierte Stück gibt
einige untereinander verwandte Aussprüche Solons.
Auch hier ist, zum Teil gegen die Überlieferung, wie in
dem zweiten und dritten Stück die einfache Form der
Frage und Antwort hergestellt. Natürlich können diese
Aussprüche Solons niemals irgendwo so zusammenge-
standen haben; aber sie sind ein Beweis dafür, wie be-
liebt dieses Frage- und Antwortspiel gewesen sein muß.

Wir begegnen ihm übrigens auch außerhalb der Legenden der Sieben Weisen, z. B. in den Geschichten, die
man sich von der Begegnung Alexanders des Großen
mit den indischen Brahmanen erzählte, wie überhaupt
in diesem Alexanderroman manches vom Zusammentreffen der Sieben Weisen mit Kroisos weiterlebt. Aber
auch die orientalische Literatur kennt solche 'Antworten', wie die Erzählung von den Leibpagen des Dareios,
die in der Septuaginta in das Buch Esra eingeschoben ist
(1. Esra 3—4, sog. 3. Esra), oder in 1001 Nacht das
Märchen der 334. bis 338. Nacht. So darf man auch in
den griechischen Erzählungen östlichen Einfluß vermuten.

Das 5. Stück bringt, im Anschluß offenbar an Solons
und Thales' Bekanntschaft mit ägyptischen Dingen,
Bias mit dem König Amasis zusammen; da spielt wieder das Orientalische hinein. Die 'Antwort' wird hier
durch eine Handlung begleitet — auch das sieht östlich
aus. Mit diesem Stück verwandt ist das 6., das auch
paradox zwei Superlative gegeneinanderstellt.

ΔΗΜΗΤΡΙΟΥ ΦΑΛΗΡΕΩΣ
ΤΩΝ ΕΠΤΑ ΣΟΦΩΝ ΑΠΟΦΘΕΓΜΑΤΑ

α'. Κλεόβουλος Εὐαγόρου Λίνδιος ἔφη·

1. μέτρον ἄριστον. 2. πατέρα δεῖ αἰδεῖσθαι. 3. εὖ τὸ σῶμα ἔχειν καὶ τὴν ψυχήν. 4. φιλήκοον εἶναι καὶ μὴ πολύλαλον. 9. πολίταις τὰ βέλτιστα συμβουλεύειν. 10. ἡδονῆς κρατεῖν. 11. βίᾳ μηδὲν πράττειν. 15. τὸν τοῦ δήμου ἐχθρὸν πολέμιον νομίζειν. 16. γυναικὶ μὴ μάχεσθαι μηδὲ ἄγαν φρονεῖν ἀλλοτρίων παρόντων· τὸ μὲν γὰρ ἄνοιαν, τὸ δὲ μανίαν δύναται παρέχειν. 17. οἰκέτας παρ' οἶνον μὴ κολάζειν· εἰ δὲ μή, δόξεις παροινεῖν. 18. γαμεῖν ἐκ τῶν ὁμοίων· ἐὰν γὰρ ἐκ τῶν κρειττόνων, δεσπότας, οὐ συγγενεῖς κτήσῃ. 19. μὴ ἐπιγελᾶν τῷ σκώπτοντι· ἀπεχθὴς γὰρ ἔσῃ τοῖς σκωπτομένοις. 20. εὐποροῦντα μὴ ὑπερήφανον εἶναι, ἀποροῦντα μὴ ταπεινοῦσθαι.

β'. Σόλων Ἐξηκεστίδου Ἀθηναῖος ἔφη·

1. μηδὲν ἄγαν. 2. κριτὴς μὴ κάθησο· εἰ δὲ μή, τῷ ληφθέντι ἐχθρὸς ἔσῃ. 3. ἡδονὴν φεῦγε, ἥτις λύπην τίκτει. 4. φύλασσε τρόπου καλοκαγαθίαν ὅρκου πιστοτέραν. 5. σφραγίζου τοὺς μὲν λόγους σιγῇ, τὴν δὲ σιγὴν καιρῷ. 6. μὴ ψεύδου, ἀλλ' ἀλήθευε. 7. τὰ σπουδαῖα μελέτα. 8. τῶν γονέων μὴ λέγε δικαιότερα. 9. φίλους μὴ ταχὺ κτῶ, οὓς δ' ἂν κτήσῃ, μὴ ταχὺ ἀποδοκίμαζε. 10. ἄρχεσθαι μαθὼν ἄρχειν ἐπιστήσῃ. 11. εὔθυναν ἑτέρους ἀξιῶν διδόναι καὶ αὐτὸς ὕπεχε. 12. συμβούλευε μὴ τὰ ἥδιστα, ἀλλὰ τὰ βέλτιστα τοῖς πολίταις. 14. μὴ κα-

DEMETRIOS VON PHALERON:
DIE SPRÜCHE DER SIEBEN WEISEN

I. Kleobulos, Sohn des Euagoras, aus Lindos sagte:

1. Maß ist das Beste. 2. Seinen Vater soll man ehren. 3. Gesund sein an Leib und Seele. 4. Viel hören und nicht viel reden. 9. Den Bürgern das Beste raten. 10. Die Lust beherrschen. 11. Nichts gewaltsam tun. 15. Den Gegner des Volks als Feind ansehen. 16. Mit der Frau nicht streiten und nicht allzu stolz sein, wenn andere dabei sind; das eine läßt dich für einen Toren, das andere für einen Verrückten gelten. 17. Sklaven beim Wein nicht prügeln; sonst hält man dich für betrunken. 18. Aus gleichem Stande heiraten; aus besserem Stand gewinnst du Herren, keine Verwandten. 19. Nicht mit dem Spötter lachen; denn du wirst den Verspotteten verhaßt sein. 20. Im Glück nicht stolz, im Unglück nicht niedrig sein.

II. Solon, Sohn des Exekestides, aus Athen sagte:

1. Nichts zu sehr. 2. Sitze nicht zu Gericht, sonst wirst du dem Verurteilten ein Feind sein. 3. Fliehe die Lust, die Unlust gebiert. 4. Wahre deine Anständigkeit treuer als deinen Eid. 5. Siegle deine Worte mit Schweigen, dein Schweigen mit dem rechten Augenblick. 6. Lüge nicht, sondern sprich die Wahrheit. 7. Um Ernstes bemüh dich. 8. Hab nicht mehr Recht als deine Eltern. 9. Freunde erwirb nicht rasch; die du aber hast, verwirf nicht rasch. 10. Lerne zu gehorchen und du wirst zu herrschen wissen. 11. Wenn du von anderen Rechenschaft forderst, gib sie auch selbst. 12. Rate nicht das Angenehme, sondern das Beste den Bürgern. 14. Meide schlechte Gesellschaft.

κοῖς ὁμίλει. 17. ὃ ἂν μὴ ἴδῃς, μὴ λέγε. 18. εἰδὼς σίγα. 19. τοῖς σεαυτοῦ πρᾶος ἴσθι. 20. τὰ ἀφανῆ τοῖς φανεροῖς τεκμαίρου.

γ΄. Χίλων Δαμαγήτου Λακεδαιμόνιος ἔφη·

1. γνῶθι σαυτόν. 2. πίνων μὴ πολλὰ λάλει· ἁμαρτήσει γάρ. 5. ἐπὶ τὰ δεῖπνα τῶν φίλων βραδέως πορεύου, ἐπὶ δὲ τὰς ἀτυχίας ταχέως. 6. γάμους εὐτελεῖς ποιοῦ. 7. τὸν τετελευτηκότα μακάριζε. 8. πρεσβύτερον σέβου. 10. ζημίαν αἱροῦ μᾶλλον ἢ κέρδος αἰσχρόν· τὸ μὲν γὰρ ἅπαξ λυπήσει, τὸ δὲ ἀεί. 11. τῷ δυστυχοῦντι μὴ ἐπιγέλα. 14. ἡ γλῶσσά σου μὴ προτρεχέτω τοῦ νοῦ. 15. θυμοῦ κράτει. 16. μὴ ἐπιθύμει ἀδύνατα. 17. ἐν ὁδῷ μὴ σπεῦδε προάγειν. 18. λέγοντα μὴ τὴν χεῖρα κινεῖν· μανικὸν γάρ. 19. νόμοις πείθου. 20. ἀδικούμενος διαλάσσου, ὑβριζόμενος τιμωροῦ.

δ΄. Θαλῆς Ἐξαμύου Μιλήσιος ἔφη·

1. ἐγγύα, πάρα δ᾽ ἄτα. 2. φίλων παρόντων καὶ ἀπόντων μέμνησο. 3. μὴ τὴν ὄψιν καλλωπίζου, ἀλλ᾽ ἐν τοῖς ἐπιτηδεύμασιν ἴσθι καλός. 4. μὴ πλούτει κακῶς. 6. κολακεύειν γονεῖς μὴ ὄκνει. 8. οἵους ἂν ἐράνους ἐνέγκῃς τοῖς γονεῦσι, τοιούτους αὐτὸς ἐν τῷ γήρᾳ παρὰ τῶν τέκνων προσδέχου. 9. χαλεπὸν τὸ ἑαυτὸν γνῶναι. 10. ἥδιστον οὗ ἐπιθυμεῖς τυχεῖν. 11. ἀνιαρὸν ἀργία. 12. βλαβερὸν ἀκρασία. 13. βαρὺ ἀπαιδευσία. 15. ἀργὸς μὴ ἴσθι, μηδ᾽ ἂν πλουτῇς. 16. κακὰ ἐν οἴκῳ κρύπτε. 17. φθονοῦ μᾶλλον ἢ οἰκτίρου. 18. μέτρῳ χρῶ. 19. μὴ πᾶσι πίστευε.

17. Sage nicht, was du nicht gesehen hast. 18. Wisse und schweige. 19. Den Deinen sei milde. 20. Das Unsichtbare erschließe aus dem Sichtbaren.

III. Chilon, Sohn des Damagetos, aus Lakedaimon sagte:

1. Erkenne dich selbst. 2. Beim Trinken rede nicht viel; du wirst es bereuen. 5. Zu den Festen der Freunde geh langsam, zu ihrem Unglück schnell. 6. Gib keine teuren Hochzeiten. 7. Den Toten preise glücklich. 8. Den Älteren ehre. 10. Verlust nimm eher als bösen Gewinn; denn jener schmerzt einmal, dieser immer. 11. Über einen Unglücklichen lach nicht. 14. Laß deine Zunge nicht deinem Verstand vorauslaufen. 15. Beherrsche den Zorn. 16. Erstreb nichts Unmögliches. 17. Auf der Straße haste nicht, um andere zu überholen. 18. Beweg nicht beim Reden die Hand; das sieht aus, als wärst du verrückt. 19. Gehorch den Gesetzen. 20. Bei Unrecht versöhn dich, bei Frechheit wehr dich.

IV. Thales, der Sohn des Examyes, aus Milet sprach:

1. Bürgschaft, — schon ist Unheil da. 2. Denk an deine Freunde, ob sie da sind oder fort. 3. Nicht dein Äußeres schmücke, sondern sei schön in deinem Tun. 4. Sei nicht reich durch Unrecht. 6. Deinen Eltern zu schmeicheln zögere nicht. 8. Was du den Eltern Gutes tust, das erwarte selbst im Alter von deinen Kindern. 9. Es ist schwer, sich selbst zu kennen. 10. Das Angenehmste ist, zu bekommen, was man wünscht. 11. Untätigkeit ist eine Qual. 12. Unbeherrschtheit ist ein Schaden. 13. Unbildung ist eine Last. 15. Sei nicht faul, selbst wenn du Geld hast. 16. Übles im Haus verbirg. 17. Besser beneidet als bemitleidet. 18. Halt Maß. 19. Nicht allen traue.

ε'. Πιττακὸς Ὑρρα Λέσβιος ἔφη·

1. καιρὸν γνῶθι. 2. ὃ μέλλεις ποιεῖν, μὴ λέγε· ἀποτυχὼν γὰρ καταγελασθήσῃ. 4. ὅσα νεμεσᾷς τῷ πλησίον, αὐτὸς μὴ ποίει. 6. παρακαταθήκας ἀπόδος. 8. τὸν φίλον κακῶς μὴ λέγε μηδ' εὖ τὸν ἐχθρόν· ἀσυλλόγιστον γὰρ τὸ τοιοῦτον. 10. πιστὸν γῆ, ἄπιστον θάλασσα. 11. ἄπληστον κέρδος.

ζ'. Βίας Τευταμίδου Πριηνεὺς ἔφη·

1. οἱ πλεῖστοι ἄνθρωποι κακοί. 2. εἰς κάτοπτρον ἐμβλέψαντα δεῖ, εἰ μὲν καλὸς φαίνῃ, καλὰ ποιεῖν· εἰ δὲ αἰσχρός, τὸ τῆς φύσεως ἐλλιπὲς διορθοῦσθαι τῇ καλοκαγαθίᾳ. 3. βραδέως ἐγχείρει· οὗ δ' ἂν ἄρξῃ, διαβεβαιοῦ. 5. μήτ' εὐήθης ἴσθι μήτε κακοήθης. 8. περὶ θεῶν λέγε, ὡς εἰσίν. 10. ἄκουε πολλά. 11. λάλει καίρια. 12. πένης ὢν πλουσίοις μὴ ἐπιτίμα, ἢν μὴ μέγα ὠφελῇς. 13. ἀνάξιον ἄνδρα μὴ ἐπαίνει διὰ πλοῦτον. 14. πείσας λαβέ, μὴ βιασάμενος. 15. ὅτι ἂν ἀγαθὸν πράσσῃς, θεούς, μὴ σεαυτὸν αἰτιῶ.

η'. Περίανδρος Κυψέλου Κορίνθιος ἔφη·

1. μελέτα τὸ πᾶν. 2. καλὸν ἡσυχία. 3. ἐπισφαλὲς προπέτεια. 6. δημοκρατία κρεῖττον τυραννίδος. 7. αἱ μὲν ἡδοναὶ θνηταί, αἱ δ' ἀρεταὶ ἀθάνατοι. 8. εὐτυχῶν μὲν μέτριος ἴσθι, ἀτυχῶν δὲ φρόνιμος. 10. σεαυτὸν ἄξιον παρασκεύαζε τῶν γονέων. 11. ζῶν μὲν ἐπαινοῦ, ἀπο-

V. Pittakos, Sohn des Hyrras, aus Lesbos sprach:

1. Erkenne den rechten Augenblick. 2. Was du vorhast, sage nicht; denn gelingt's dir nicht, wirst du verlacht. 4. Was du dem Nächsten verdenkst, tu selber nicht. 6. Anvertrautes Gut gib zurück. 8. Sprich nicht schlecht von deinem Freund und nicht gut von deinem Feind, denn solches wäre unlogisch. 10. Zuverlässig das Land, unzuverlässig das Meer. 11. Gewinn ist unersättlich.

VI. Bias, Sohn des Teutamides, aus Priene sprach:

1. Die meisten Menschen taugen nichts. 2. Sieh in den Spiegel: wenn du schön aussiehst, mußt du auch Schönes tun; wenn häßlich, mußt du den Mangel der Natur durch Edelsein ausgleichen. 3. Geh langsam ans Werk; aber was du begonnen, bei dem harre aus. 5. Sei weder gutmütig, noch bösmütig. 8. Von den Göttern sage: sie sind. 10. Höre viel. 11. Rede zur Zeit. 12. Bist du arm, mach einem Reichen keine Vorwürfe, es sei denn, daß du großen Nutzen stiftest. 13. Einen Unwürdigen lobe nicht wegen seines Reichtums. 14. Gewinne durch Überredung, nicht durch Gewalt. 15. Was du Gutes tust, schreib den Göttern zu, nicht dir.

VII. Periander, Sohn des Kypselos, aus Korinth sprach:

1. Alles ist Übung. 2. Ruhe ist schön. 3. Voreiligkeit ist gefährlich. 6. Demokratie ist besser als Tyrannei. 7. Die Lüste sind vergänglich, die Tugenden unsterblich. 8. Im Glück sei maßvoll, im Unglück besonnen. 10. Zeig dich wert deiner Eltern. 11. Such für

θανὼν δὲ μακαρίζου. 12. φίλοις εὐτυχοῦσι καὶ ἀτυχοῦσιν ὁ αὐτὸς ἴσθι. 14. λόγων ἀπορρήτων ἐκφορὰν μὴ ποιοῦ. 15. λοιδοροῦ ὡς ταχὺ φίλος ἐσόμενος. 16. τοῖς μὲν νόμοις παλαιοῖς χρῶ, τοῖς δὲ ὄψοις προσφάτοις. 17. μὴ μόνον τοὺς ἁμαρτάνοντας κόλαζε, ἀλλὰ καὶ τοὺς μέλλοντας κώλυε. 18. δυστυχῶν κρύπτε, ἵνα μὴ τοὺς ἐχθροὺς εὐφράνῃς.

Stobaios 3, 1, 172.

ΑΙ ΤΩΝ ΕΠΤΑ ΣΟΦΩΝ ΑΠΟΚΡΙΣΕΙΣ

1.

Θαλῆς ἐρωτηθείς· τί πρεσβύτατον; θεός, ἔφη, ἀγένητον γάρ.

τί κάλλιστον; κόσμος· ποίημα γὰρ θεοῦ.

τί μέγιστον; τόπος· ἅπαντα γὰρ χωρεῖ.

τί σοφώτατον; χρόνος· ἀνευρίσκει γὰρ πάντα.

τί τάχιστον; νοῦς· διὰ παντὸς γὰρ τρέχει.

τί ἰσχυρότατον; ἀνάγκη· κρατεῖ γὰρ πάντων.

Plutarch, Gastmahl der Sieben Weisen 9, 153 c; Diogenes Laërtios 1, 35; Stobaios 1, 34; 72; 102; 157 W.—H.

2.

Οἱ ἑπτὰ σοφοὶ ἠρωτήθησαν· τίς ἐστιν ἀρίστη πόλις;

καὶ πρῶτος Σόλων εἶπε· ἐν ᾗ τὸν ἀδικήσαντα τοῦ ἀδικηθέντος οὐδὲν ἧττον οἱ μὴ ἀδικηθέντες προβάλλονται καὶ κολάζουσι.

δεύτερος δὲ Βίας· ἐν ᾗ πάντες ὡς τύραννον φοβοῦνται τὸν νόμον.

τρίτος δὲ Θαλῆς· ἡ μήτε πλουσίους ἄγαν μήτε πένητας ἔχουσα πολίτας.

das Leben Lob, für den Tod Preis. 12. Deinen Freunden sei in ihrem Glück und Unglück der gleiche. 14. Plaudere keine Geheimnisse aus. 15. Schimpfe so, daß du schnell wieder Freund werden kannst. 16. Halte dich an alte Gesetze, aber an frische Speisen. 17. Bestrafe nicht nur das Vergehen, sondern verhindere auch die Absicht. 18. Im Unglück verbirg dich, damit du deinen Feinden keine Freude machst.

DIE ANTWORTEN DER SIEBEN WEISEN

1.

Thales wurde gefragt: Was ist das Älteste? Er antwortete: Gott, denn er ist ungeboren.

Was ist das Schönste? Die Welt, denn sie ist die Schöpfung Gottes.

Was ist das Größte? Der Raum, denn er umfaßt alles.

Was ist das Weiseste? Die Zeit, denn sie findet alles heraus.

Was ist das Schnellste? Der Geist, denn er durcheilt alles.

Was ist das Stärkste? Die Notwendigkeit, denn sie beherrscht alles.

2.

Man fragte die Sieben Weisen: Welches ist der beste Staat?

Als erster antwortete Solon: Der, in dem ein Verbrecher genau so von allen, denen er nichts getan hat, wie von dem einen, dem er etwas getan hat, angeklagt und bestraft wird.

Als zweiter Bias: In dem alle das Gesetz wie einen Tyrannen fürchten.

Als dritter Thales: Der weder allzu Reiche noch allzu Arme hat.

τέταρτος δὲ Ἀνάχαρσις· ἐν ᾗ τῶν ἄλλων ἴσων νομιζομένων ἀρετῇ τὸ βέλτιον ὁρίζεται καὶ κακίᾳ τὸ χεῖρον.

πέμπτος δὲ Κλεόβουλος· ὅπου τὸν ψόγον μᾶλλον οἱ πολιτευόμενοι δεδοίκασιν ἢ τὸν νόμον.

ἕκτος δὲ Πιττακός: ὅπου τοῖς πονηροῖς οὐκ ἔξεστιν ἄρχειν καὶ τοῖς ἀγαθοῖς οὐκ ἔξεστι μὴ ἄρχειν.

ἕβδομος δὲ Χίλων· ἡ μάλιστα νόμων, ἥκιστα δὲ ῥητόρων ἀκούουσα.

Nach Plutarch, Gastmahl der Sieben Weisen 11. 154d.

3.

Οἱ ἑπτὰ σοφοὶ ἠρωτήθησαν· τίς ἐστιν ἄριστος οἶκος;

καὶ Σόλων εἶπε· ὅπου τὰ κτήματα μήτε κτωμένοις ἀδικία μήτε φυλάττουσιν ἀπιστία μήτε δαπανῶσι μετάνοια πρόσεστιν.

ὁ δὲ Βίας· ἐν ᾧ τοιοῦτός ἐστιν ὁ δεσπότης δι' αὐτὸν οἷος ἔξω διὰ τὸν νόμον.

ὁ δὲ Θαλῆς· ἐν ᾧ πλείστην ἄγειν τῷ δεσπότῃ σχολὴν ἔξεστιν.

ὁ δὲ Κλεόβουλος: ἐν ᾧ πλείονας ἔχει τῶν φοβουμένων αὐτὸν τοὺς φιλοῦντας ὁ δεσπότης.

ὁ δὲ Πιττακός· ὁ τῶν περισσῶν μηδενὸς δεόμενος καὶ τῶν ἀναγκαίων μηδενὸς ἐνδεόμενος.

ὁ δὲ Χίλων· ὁ μάλιστα βασιλευομένῃ πόλει προσεοικώς.

Nach Plutarch, Gastmahl der Sieben Weisen 12. 155c.

4.

Σόλων ἐρωτηθείς· τίς ἀρίστη πόλις; ἐν ᾗ, ἔφη, πλεῖστα ἀρετῆς ἆθλα.

ἄλλως· ἐν ᾗ τοὺς ἀγαθοὺς ἄνδρας συμβαίνει τιμᾶσθαι, καὶ τὸ ἐναντίον, ἐν ᾗ τοὺς κακοὺς ἀμύνεσθαι.

Als vierter Anacharsis: In dem man alles andere gleich achtet, aber nach der Tugend den Vorzug und nach der Schlechtigkeit den Nachteil bemißt.

Als fünfter Kleobulos: Wo die Bürger einen Tadel mehr fürchten als das Gesetz.

Als sechster Pittakos: Wo es nicht möglich ist, daß die Schlechten herrschen, und es nicht möglich ist, daß die Guten nicht herrschen.

Als siebenter Chilon: Der am meisten auf Gesetze, am wenigsten auf Redner hört.

3.

Man fragte die Sieben Weisen: Welches ist das beste Haus?

Solon antwortete: Wo der Erwerb des Geldes keine Ungerechtigkeit, sein Bewachen kein Mißtrauen, sein Ausgeben keine Reue bringt.

Bias: Wo der Herr von sich aus so ist wie draußen wegen der Gesetze.

Thales: Wo der Herr am meisten Muße haben kann.

Kleobulos: Wo der Herr mehr hat, die ihn lieben als die ihn fürchten.

Pittakos: Das nichts Überflüssiges begehrt und nichts Nötiges entbehrt.

Chilon: Das am meisten dem von einem König regierten Staat gleicht.

4.

Solon wurde gefragt: Welches ist der beste Staat? Er antwortete: In dem es die meisten Preise für Tugend gibt.

Eine andere Antwort: In dem es geschieht, daß die Guten geehrt werden und daß man sich umgekehrt gegen die Schlechten wehrt.

ἄλλως· ἐν ᾗ οἱ μὲν πολῖται τοῖς ἄρχουσι πείθονται, οἱ δὲ ἄρχοντες τοῖς νόμοις.

ἄλλως· ἐν ᾗ ὁμοίως ἀγανακτοῦσιν οἱ μὴ ἀδικούμενοι τοῖς ἀδικουμένοις.

Nach Stobaios 4, 28, 7; 25, 1; 27, 16; 25, 5 W.—H.

5.

Βίας ὁ παλαιὸς Ἀμάσιδι, κελευσθεὶς τὸ χρηστότατον ὁμοῦ καὶ φαυλότατον ἀποπέμψαι κρέας τοῦ ἱερείου, τὴν γλῶτταν ἐξελὼν ἀπέπεμψεν, ὡς καὶ βλάβας καὶ ὠφελείας τοῦ λέγειν ἔχοντος μεγίστας.

Plutarch, Über das Hören 2, 38 B.

6.

Περίανδρος ἐρωτηθείς, τί μέγιστον ἐν ἐλαχίστῳ, εἶπε· φρένες ἀγαθαὶ ἐν ἀνθρώπου σώματι.

Stobaios 3, 3, 45; gnomol. Paris. 319.

Eine weitere Antwort: In dem die Bürger den Herrschenden gehorchen, die Herrschenden aber den Gesetzen.

Noch eine Antwort: In dem die Nichtbetroffenen ebenso empört über ein Unrecht sind wie die Betroffenen.

5.

Bias hat in alter Zeit, als Amasis ihn aufforderte, das nützlichste und minderwertigste Stück Fleisch eines Opfertieres zu schicken, die Zunge genommen und ihm geschickt, da das Reden größten Schaden und größten Nutzen brächte.

6.

Periander wurde gefragt, was das Größte im Kleinsten sei. Er antwortete: Guter Verstand im Körper des Menschen.

Die Erzählungen von Dreifuß

Sofern man nach dem Jahre 300 v. Chr. noch Erfreu-
liches und Lebendiges über die Sieben Weisen erzählte,
war es geistreiches Spiel. Die alten Geschichten werden
zum Teil immer neu gewandt. Wir können das noch
greifen an der Geschichte von dem Dreifuß, von der wir
einige Fassungen, allerdings nur in dürren Inhaltsan-
gaben, kennen. Zum Teil waren diese schon vorhelle-

nistisch, eine war z. B. schon Theophrast bekannt (Plu-
tarch, Solon 4, 7). Nach den mageren Exzerpten wird
sich kaum mehr ausmachen lassen, wie sie voneinander
abhängen und welches die älteste Version ist.

Der Dreifuß der Sieben Weisen wurde an mehreren
heiligen Orten, die in Griechenland ja stets reich an alten
Weihgeschenken waren, den staunenden Besuchern ge-
zeigt, so in Theben und wahrscheinlich auch in Delphi
und in dem Apollo-Heiligtum von Didyma bei Milet.
So werden diese Geschichten zurückgehen auf ,,Denk-
mals-Legenden", mit denen zu allen Zeiten die Frem-
denführer den neugierigen Erwartungen der Reisenden
entgegengekommen sind.

Der Siegespreis für den Weisesten ist sozusagen ein
männliches Gegenstück zu dem goldenen Apfel, der nach
der Sage der schönsten der Göttinnen gehören soll und
um den Hera, Athena und Aphrodite streiten: daß aus
solcher Preisverteilung Zank entstanden sei, ist natür-
lich ursprünglicher, als daß man einen Preis so weise
und bescheiden hingenommen habe. Es lag nahe, bei den
Sieben Weisen, die so oft gesagt hatten, wer der Glück-
lichste, der Beste, der Weiseste sei, nun ihrerseits zu
fragen, wer unter ihnen der Weiseste sei, — was dann
allerdings nicht so schlimm ausgehen durfte, wie wenn
ein orientalischer Herrscher nach dem Glücklichsten
fragte.

Offenbar hat auch die Gestalt des Sokrates auf die
Geschichte eingewirkt: den hatte das delphische Orakel
für den Weisesten erklärt, er aber sagte von sich selbst,
daß er nichts wisse. Man wird auch deswegen die älteste
Version nicht sehr weit hinaufrücken dürfen.

1.

Σαγηνεῖς Μεσσήνιοι κατὰ τὸν βόλον ἕτερον μὲν οὐδὲν ἀνείλκυσαν, χαλκοῦν δὲ τρίποδα μόνον ἐπιγραφὴν ἔχοντα ΤΩΙ ΣΟΦΩΤΑΤΩΙ. ἀναχθέντος δὲ τοῦ κατασκευάσματος δοθῆναι τῷ Βίαντι.

Diodor 9, 13, 2.

2.

Ἁλιεῖς ἐν Μιλήτῳ τινὲς μισθῷ βόλον ἔρριπτον, ἵνα τὸ ἀναφερόμενον εἴη τοῦ ἀγοράσαντος τὸν βόλον. συμβέβηκε γοῦν ἀντὶ ἰχθύων τρίποδα χρυσοῦν περιλαβεῖν αὐτοὺς τῷ δικτύῳ. ἐφιλονείκουν οὖν περὶ αὐτοῦ, οἱ μὲν ἁλιεῖς, ὡς ἰχθῦς πεπράκασιν, οὐ τρίποδα· οἱ δὲ ἀγοράσαντες ἔλεγον, ὡς πᾶν τὸ ἀνιὸν καὶ ὅτι τύχοι ὠνήσαντο. οὕτως οὖν αὐτῶν φιλονεικούντων, ἔδοξεν ἐρωτῆσαι τὸν Ἀπόλλωνα. ὁ δὲ ἀνεῖλεν αὐτοῖς ταῦτα·

ἔκγονε Μιλήτου, τρίποδος πέρι Φοῖβον ἐρωτᾷς·
ὃς σοφίῃ πάντων πρῶτος, τούτου τρίποδ' αὐδῶ.

προσήγαγον οὖν αὐτὸν τοῖς ἑπτὰ σοφοῖς· ἕκαστος δὲ τούτων παρῃτεῖτο σοφὸς εἶναι, διόπερ ἐγνώκασιν ὡς σοφωτέρῳ πάντων ἀναθεῖναι αὐτὸν τῷ Ἀπόλλωνι· ὅθεν φασὶν ἐσχηκέναι αὐτὸν τὸν τρίποδα.

Scholion zu Aristophanes' Plutos 9 (Or. 247 Parke-Wormell).

3.

Ἄλλοι φασὶν ἡφαιστότευκτον εἶναι αὐτὸν καὶ δοθῆναι πρὸς τοῦ θεοῦ Πέλοπι γαμοῦντι· αὖθίς τε εἰς Μενέλαον ἐλθεῖν καὶ σὺν τῇ Ἑλένῃ ἁρπασθέντα ὑπ' Ἀλεξάνδρου ῥιφῆναι εἰς τὴν Κῴαν θάλασσαν πρὸς τῆς Λακαίνης, εἰπούσης ὅτι περιμάχητος ἔσται. χρόνῳ δὲ Λεβεδίων τινῶν αὐτόθι γρῖπον ὠνησαμένων καταληφθῆναι καὶ

116

1.

Messenische Fischer zogen beim Fischfang nichts anderes herauf, nur einen bronzenen Dreifuß mit der Inschrift: DEM WEISESTEN. Als sie dies Gerät mitgenommen hatten, gaben sie es dem Bias.

2.

Einige Schiffer in Milet warfen für Lohn ihr Netz aus, damit der Fang dem gehörte, der den Fischzug bezahlt hatte. Es geschah aber, daß sie anstatt Fische einen goldenen Dreifuß mit dem Netz fischten. Darüber gerieten sie in Streit. Die Fischer sagten, sie hätten Fische, aber keinen Dreifuß verkauft; die Käufer, sie hätten alles, was heraufkäme und was sie kriegten, gekauft. Da sie nun so stritten, kamen sie überein, Apoll zu fragen. Der aber verkündete ihnen:

„Sprößling du des Milet, um den Dreifuß fragst du
Apollon?
Wer an Weisheit der Erste, für den bestimm ich den
Dreifuß."

Sie brachten ihn nun zu den Sieben Weisen. Jeder von denen bestritt aber weise zu sein. Deswegen beschlossen sie, ihn dem Apoll als dem Weisesten von allen zu weihen. So, erzählt man, bekam Apoll den Dreifuß.

3.

Andere sagen, der Dreifuß sei ein Werk des Hephaistos und der Gott habe ihn dem Pelops zur Hochzeit geschenkt. Er sei dann an Menelaos gekommen, und Paris habe ihn mit Helena geraubt; aber diese habe ihn ins Koische Meer geworfen mit den Worten: „Der wird Grund für viel Streit sein." Später kauften einige Leute aus Lebedos dort einen Fang Fische, —

τὸν τρίποδα, μαχομένων δὲ πρὸς τοὺς ἁλιέας γενέσθαι
τὴν ἄνοδον ἕως τῆς Κῶ· καὶ ὡς οὐδὲν ἤνυτον, τοῖς
Μιλησίοις μητροπόλει οὖσι μηνύουσιν. οἱ δ' ἐπειδὴ δια-
πρεσβευόμενοι ἠλογοῦντο, πρὸς τοὺς Κώους πολεμοῦσι.
καὶ πολλῶν ἑκατέρωθεν πιπτόντων ἐκπίπτει χρησμὸς
δοῦναι τῷ σοφωτάτῳ· καὶ ἀμφότεροι συνήνεσαν Θαλῇ.
ὁ δὲ μετὰ τὴν περίοδον τῷ Διδυμαίῳ ἀνατίθησιν Ἀπόλλωνι.

Κῴοις μὴν οὖν τοῦτον ἐχρήσθη τὸν τρόπον·
οὔποτε μὴ λήξῃ πόλεμος Μερόπων καὶ Ἰώνων,
πρὶν τρίποδα χρύσειον, ὃν Ἥφαιστος κάμε τεύχων,
ἐκ μέσσου πέμψητε, καὶ ἐς δόμον ἀνδρὸς ἵκηται,
ὃς σοφίᾳ τά τ' ἐόντα τά τ' ἐσσόμενα προδέδορκεν.
Diog. Laërt. 1, 32; das Orakel nach Diodor 9, 3, 2 (Or. 248
Parke-W.).

4.

Φανόδικός φησι Βίαντα κόρας αἰχμαλώτους λυτρω-
σάμενον Μεσσηνίας θρέψαι τε ὡς θυγατέρας καὶ προῖ-
κας ἐπιδοῦναι καὶ εἰς τὴν Μεσσήνην ἀποστεῖλαι τοῖς
πατράσιν αὐτῶν. χρόνῳ δὲ ἐν ταῖς Ἀθήναις τοῦ τρίποδος εὑρεθέντος ὑπὸ τῶν ἁλιέων τοῦ χαλκοῦ ἐπιγραφὴν
ἔχοντος ΤΩΙ ΣΟΦΩΙ, Σάτυρος μέν φησι παρελθεῖν τὰς
κόρας — οἱ δὲ τὸν πατέρα αὐτῶν, ὡς καὶ Φανόδικος —
εἰς τὴν ἐκκλησίαν, καὶ εἰπεῖν τὸν Βίαντα σοφόν, διηγη-
σαμένας τὰ καθ' ἑαυτάς. καὶ ἀπεστάλη ὁ τρίπους καὶ ὁ
Βίας ἰδὼν ἔφη τὸν Ἀπόλλωνα σοφὸν εἶναι, οὐδὲ προσ-
ήκατο. οἱ δὲ λέγουσιν ἐν Θήβαις τῷ Ἡρακλεῖ αὐτὸν
ἀναθεῖναι, ἐπεὶ ἀπόγονος ἦν Θηβαίων ἀποικίαν εἰς Πριήνην στειλάντων, ὥσπερ καὶ Φανόδικός φησι.
Diogenes Laërtios 1, 82.

da wurde auch der Dreifuß gefischt. Darüber stritten sie mit den Fischern, bis sie nach Kos kamen, und als sie sich nicht einigen konnten, berichteten sie an ihre Mutterstadt Milet. Die Milesier schickten eine Gesandtschaft nach Kos, die wurde aber abgewiesen, und deshalb zogen sie gegen die Koer in den Krieg. Als viele auf beiden Seiten gefallen waren, verkündete ein Orakel, sie sollten den Dreifuß dem Weisesten geben. Sie einigten sich auf Thales. Der aber weihte den Dreifuß, nachdem er die Runde bei den Sieben Weisen gemacht hatte, dem Apoll von Didyma. Das Orakel an die Koer lautete:

Niemals endet der Krieg der Meroper und der Ioner,
Bis ihr den Dreifuß aus Gold, den Hephaistos kunstvoll ge-
schaffen,
Fortgesendet, bis er in das Haus des Mannes gekommen,
Der mit Weisheit vorausschaut, was ist und was künftig noch
sein wird.

4.

Phanodikos erzählt, Bias habe einige kriegsgefangene messenische Mädchen freigekauft, sie als seine Töchter aufgezogen, mit Mitgift ausgestattet und nach Messenien zu ihren Eltern zurückgeschickt. Als dann später in Athen Fischer den bronzenen Dreifuß fanden, der die Aufschrift trug: „DEM WEISEN", da sind nach Satyros die Mädchen (nach anderen wie auch nach Phanodikos der Vater) in die Volksversammlung gekommen und haben erklärt: Bias sei weise; und sie erzählten ihre Geschichte. Daraufhin wurde ihm der Dreifuß geschickt. Als aber Bias ihn sah, erklärte er, Apoll sei weise, und nahm ihn nicht an. Andere berichteten, er habe ihn in Theben dem Herakles geweiht, da er ein Nachkomme der Thebaner sei; denn diese hatten eine Kolonie nach Priene geschickt. So erzählt auch Phanodikos.

Kallimachos

Der bedeutendste hellenistische Dichter, Kallimachos,
der in der ersten Hälfte des 3. Jahrhunderts v. Chr. dich-
tete, hat eine noch andere Fassung dieser Geschichte in
seinen ‚Hinkiamben' im Anschluß an Leandrios be-
arbeitet. Darin spricht der Geist des alten Dichters Hip-
ponax (s. o. S. 24), der aus dem Hades heraufgekommen
ist, und ermahnt die alexandrinischen Philologen, ihre
Zänkereien zu lassen. Diese Verse sind zum Teil auf
einem Oxforder Papyrus erhalten. Die auf dem Papyrus
fehlenden Teile sind hier ersetzt durch die entsprechen-

den Stücke aus zwei Nacherzählungen in Prosa (Diogenes Laërtios 1, 29 und Diegeseis zu Kallimachos,
col. V, Papiri della R. Università di Milano I ed.
A. Vogliano 1937, S. 99).

Hier ist es nicht ein Dreifuß, der die Runde bei den
Sieben Weisen macht, sondern ein goldener Becher (und
vielleicht ist diese Version sogar älter als die vom Dreifuß, vgl. A. Yoshida, Rev. ét. anc. 67, 1965, 31ff.); andere wiederum sprachen von einer goldenen Schale, die
Kroisos gestiftet haben sollte, wodurch dann auch diese
Geschichte in den Kreis der Kroisos-Legenden (s. o.
S. 48 bis 60) gezogen wurde. Das Trinkgefäß an Stelle
des Dreifußes stammt, so könnte man vermuten, aus der
Geschichte vom Gastmahl der Sieben Weisen, das sicher-
lich wie an den Hof Perianders von Korinth gelegentlich
auch an den Hof des Kroisos verlegt war. — Auch hier
sind die Sieben Weisen 'Vorbild', allerdings nicht mehr
für Philosophen, denn in Alexandria blühte die Spezial-
wissenschaft mehr als die Philosophie, und für die größte
Untugend der Gelehrten scheint Kallimachos Recht-
haberei und Eitelkeit gehalten zu haben.

Das Stück ist eine bezeichnende Probe kallimachei-
scher Kunst, deren Reiz vor allem in der Sprache liegt
und deswegen in der Übersetzung nicht sichtbar wird.
Eine sehr lockere und höchst lebendige Umgangssprache
ist durch die strengste Form der von Hipponax erfundenen Hinkjamben gebunden; das Idiomatische der Dik-
tion steht im Gegensatz zu dem gebildeten Thema, was
durch einige gelehrte Anspielungen noch unterstrichen
wird. So ist die Geschichte zugleich unmittelbar - an-
schaulich und überlegen - ironisch behandelt.

ΕΚ ΤΩΝ ΚΑΛΛΙΜΑΧΟΥ ΙΑΜΒΩΝ

Ἀνὴρ Βαθυκλῆς Ἀρκὰς — οὐ μακρὴν ἄξω,
ὦ λῷστε, μὴ σίμαινε, καὶ γὰρ οὐδ' αὐτός
μέγα σχολάζω· δεῖ με γὰρ μέσον δινεῖν
φεῦ φε]ῦ Ἀχέροντος· — τῶν πάλαι τις εὐδαίμων
ἐγένετο, πάντα δ' εἶχεν, οἷσιν ἄνθρωποι
θεοί τε λευκὰς ἡμέρας ἐφίστανται.
ἤδη καθί[κειν οὗτ]ος ἡνίκ' ἤμελλεν
ἐς μακρὸν ["Αιδην], καὶ γὰρ [. . . .]ος ἔζωσεν,
τῶν [. . . . . . υἱῶν] τοὺς μὲν ἔνθα, τοὺς δ' ἔνθα
ἔστησε τοῦ κλιντῆρος, εἶχε γὰρ δεσμός,
μέλλοντας ἤδη παρθένοις ἀλινδεῖσθαι·
μόλις δ' ἐπάρας ὡς πότης ἐπ' ἀγκῶνα
[. . .]ν ὁ Ἀρκὰς κἀνὰ τὴν στέγην βλέψας
[. . . . .]
ἔπειτ' ἔφ[ησε
'ὦ παῖδες, ὦ ἐμαὶ τὠπιόντος ἄγκυραι . . .
[. . . . .]
βούλεσθε, ῥέξω [. . .
(Βαθυκλῆς τήν τε ἄλλην οὐσίαν διέθετο καὶ δὴ χρυσοῦν
ἔκπωμα τῷ μέσῳ τῶν υἱῶν Ἀμφάλκη ἐνεχείρισεν,
ὅπως δῷ τῷ ἀρίστῳ τῶν ἑπτὰ σοφῶν. ὁ δὲ)
ἔπλευσεν ἐς Μίλητον. ἦν γὰρ ἡ νίκη
Θάλητος, ὅς τ' ἦν ἄλλα δεξιὸς γνώμην
καὶ τῆς ἀμάξης ἐλέγετο σταθμήσασθαι
τοὺς ἀστερίσκους, ᾗ πλέουσι Φοίνικες.
εὗρεν δ' ὁ προυσέληνος αἰσίῳ σίττῃ
ἐν τοῦ Διδυμέος τὸν γέροντα κωνήῳ
ξύοντα τὴν γῆν καὶ γράφοντα τὸ σχῆμα,
τοὐξεῦρ' ὁ Φρὺξ Εὔφορβος, ὅστις ἀνθρώπων
τρίγωνα καὶ σκαληνὰ πρῶτος ἔγραψε

AUS DEN IAMBEN DES KALLIMACHOS

Ein Mann, Arkader, namens Bathykles,
— ich schweif nicht weit, mein Bester; zieh die Nase
doch nicht so kraus; denn meine Zeit ist knapp,
muß, wehe, mitten in den Acheron —
war einst ein reicher Mann und hatte alles,
wodurch die Menschen und die Götter sich
vergnügte Tage machen. Der war nun
daran, hinabzugehn zum fernen Hades
(und lang genug hatt' er gelebt). Er stellte
teils rechts, teils links von seiner Lagerstatt
die Söhne auf — er war gelähmt —, die gern
mit Mädchen schon ihr Spiel getrieben hätten.
Mühsam, so wie ein Zecher auf den Arm
sich stützt, hob der Arkader sich empor
und blickte zu der Decke...
und sprach...
,Ihr Söhne, Trost und Anker ihr, da ich
nun fortgeh... wollt ihr, ich soll...
(Bathykles verfügte letztwillig über sein Vermögen
und übergab dem mittleren seiner Söhne, Amphalkes,
einen goldenen Becher, damit er ihn dem Besten der
Sieben Weisen überreiche. Der aber)
fuhr nach Milet. Der Preis gehörte nämlich
dem Thales, der auch sonst in vieler Kenntnis
beschlagen war, und der die Sterne, hieß es,
des Himmelswagens ausgemessen hatte,
nach denen die Phöniker segeln. Glücklich
fand der Arkader in Apollons Tempel
den Alten, wie er mit dem Narthex-Stab
den Boden glattstrich, zeichnend die Figur,
die einst Euphorbos, der Trojaner, ausfand,
der als der Erste zeichnete ein Dreieck,

καὶ κύκλον ἐπ[   ] κἠδίδαξε νηστεύειν
τῶν ἐμπνεόντων. οἱ τάδ' οὐχ ὑπήκουσαν
οὐ πάντες, ἀλλ' οὓς εἶχεν οὕτερος δαίμων.
πρὸς δή μιν ὧδ' ἔφησεν [αὐτίκ' 'Αμφάλκης
ἐκεῖνο τοὐλόχρυσον ἐξ[ελὼν πήρης·
'οὑμὸς πατὴρ ἐφεῖτο τοῦ[τ' ἀποθνήσκων
δοῦναι, τίς ὑμέων τῶν σοφ[ῶν ὀνήϊστος
τῶν ἑπτά· κἠγὼ σοὶ δίδωμ' [ἀριστῆον.'
ἔπληξε δὲ] σκίπωνι τοὔδα[φος κεῖνος
καὶ τὴν ὑπήνην τἠτέρῃ [καταψήχων
ἐξεῖπε· 'τὴν δόσιν μὲν [οὐκ ἐμοὶ λείψεις,
σὺ δ' εἰ τοκεῶνος μὴ λό[γους ἀτιμάζεις,
Βίης [
(ὁ δὲ ἀπέπεμψε πρὸς Βίαντα τὸν Πριηνέα, ὁ δὲ πρὸς
Περίανδρον τὸν Κορίνθιον, παρὰ τούτου δὲ ἐδέξατο
αὐτὸ)
Σόλων· ἐκεῖνος δ' ὡς Χίλων' ἀπέστειλεν,
(ὁ δὲ πρὸς Πιττακὸν τὸν Μυτιληναῖον, ὁ δὲ πρὸς Κλεόβουλον τὸν Λίνδιον. ὑπὸ τούτου δὲ πεμφθὲν)
πάλιν τὸ δῶρον ἐς Θάλητ' ἀνώλισθεν.
(ὁ δὲ τῷ Διδυμεῖ 'Απόλλωνι ἀπέστειλεν εἰπὼν οὕτω·)
Θαλῆς με τῷ μεδεῦντι Νείλεω δήμου
δίδωσι τοῦτο δὶς λαβὼν ἀριστῆον.

Aus Kallimachos' Jambos 1 (fr. 191, 32—77 Pf.)

ΚΑΛΛΙΜΑΧΟΥ ΕΠΙΓΡΑΜΜΑ

Ξεῖνος 'Αταρνείτης τις ἀνήρετο Πιττακὸν οὕτω
    τὸν Μυτιληναῖον, παῖδα τὸν Ὑρράδιον·
'ἄττα γέρον, δοιός με καλεῖ γάμος· ἡ μία μὲν δή
    νύμφη καὶ πλούτῳ καὶ γενεῇ κατ' ἐμέ,

ein Vieleck, und den... Kreis,
und der die Menschen lehrte, sich des Fleischs
der Tiere zu enthalten; sie gehorchten
ihm nicht, die meisten folgten andern Göttern.
An ihn nun wandte sich sogleich Amphalkes
und nahm das lautre Gold aus seinem Ranzen:
,Mein Vater hat im Sterben mir bestimmt,
dies dem zu geben, der von euch der Beste
der Sieben Weisen sei. Dir geb ich es.'
Da schlug mit seinem Stock den Boden jener,
und strich die andre Hand durch seinen Bart
und sprach: ,Die Gabe wirst du mir nicht lassen,
Wenn du die Worte deines Vaters ehrst:
Bias lebt in Priene, der ist weiser...'

(Thales schickte den Becher zu Bias von Priene, dieser zu Periander von Korinth, von diesem bekam ihn)

Solon. Doch dieser schickte ihn an Chilon
(nach Sparta, dieser zu Pittakos von Mytilene, dieser
zu Kleobulos von Lindos; von diesem wurde er weiter-
geschickt und so)
kam das Geschenk zurück zu Thales wieder.
(Der aber schickte ihn dem Apoll von Didyma mit
folgender Widmung):
Mich schenkt dem Herrn von Neileos' Volke Thales,
der mich zum zweitenmal als Preis erhielt.

EIN EPIGRAMM DES KALLIMACHOS

Fragte ein Freund aus Atarneus den Pittakos von
Mytilene,
Hyrras' würdigen Sohn, folgendermaßen um Rat:
,Freundlicher Alter, mir bietet sich doppelte Ehe, die
eine
Ist ein Mädchen an Geld, auch an Familie mir gleich.

125

ἡ δ' ἑτέρη προβέβηκε· τί λώιον; εἰ δ' ἄγε σύμ μοι
βούλευσον, ποτέρην εἰς ὑμέναιον ἄγω.'
εἶπεν· ὁ δὲ σκίπωνα, γεροντικὸν ὅπλον, ἀείρας,
'ἠνίδε, κεῖνοί τοι πᾶν ἐρέουσιν ἔπος.'
οἳ δ' ἄρ' ὑπὸ πληγῆσι θοὰς βέμβικας ἔχοντες
ἔστρεφον εὐρείῃ παῖδες ἐνὶ τριόδῳ.
'κείνων ἔρχεο' φησὶ 'μετ' ἴχνια'. χὼ μὲν ἐπέστη
πλησίον· οἳ δ' ἔλεγον· 'τὴν κατὰ σαυτὸν ἔλα.'
ταῦτ' ἀίων ὁ ξεῖνος ἐφείσατο μείζονος οἴκου
δράξασθαι παίδων κληδόνι συνθέμενος.
τὴν δ' ὀλίγην ὡς κεῖνος ἐς οἰκίον ἤγετο νύμφην,
οὕτω καὶ σύ, Δίων, τὴν κατὰ σαυτὸν ἔλα.

Kallimachos, Epigr. I

*Dies ist eine etwas frivole und sehr beziehungsreiche
Spielerei. Es gab den Spruch: „Heirate nach deinem
Stand‘, der, in der Demetriossammlung dem Kleobulos zugeschrieben (s. oben S. 102 Nr. 18), schon bei Aischylos
vorkommt (Prom. 887); „weise, wahrlich weise ist, wer
dies als erster erkannte und sagte“, heißt es dort und geht
auf die Verbindung Ios mit Zeus, bedeutet also dasselbe
wie die Mahnungen Alkmans (fr. 1, 16): „niemand
soll zum Himmel fliegen und soll nicht suchen, Aphrodite zu freien“ oder der alte delphische Spruch: „erkenne
dich selbst“, d. h. daß du ein Mensch bist. Zweitens erzählte man, daß Pittakos unter dem Stolz seiner sehr
viel vornehmeren Frau zu leiden hatte (s. oben S. 22 ff.).
Drittens gab es die Wendung τὴν κατὰ σαυτὸν ἔλα. Die
muß aber ursprünglich bedeutet haben: halt dich an dei-*

Höher stehet die andre. Was ist wohl besser ? Ach, gib
mir
Ratschlag: nehme ich die oder die andre zur Braut ?'
Sprach's. Und jener erhob den Stock, das Rüstzeug
des Greises:
,Sieh' nur, es sagen ja dort jene dir alles genau.'
Knaben spielten da drüben, die grad' ihre hurtigen
Kreisel
Drehten mit emsigem Schlag auf dem geräumigen
Weg
,Deren Spur', so sprach er, ,geh nach'. Und jener
begab sich
Näher. Die riefen sich zu: ,Halt zu dem Deinen dich
nur.'
Da er dieses gehört, gab der Freund es auf, nach dem
größren
Haus zu greifen. Er folgt' artig dem kindlichen Ruf.
Und wie jener die Braut aus geringem Hause genom-
men,
So, mein Dion, auch du: halt zu dem Deinen dich
nur.

nen eigenen Weg, was wohl aus der Sprache der Renn-
bahn stammt (Aristoph. Wolken 25 ἔλαυνε τὸν σαυτοῦ
δρόμον). Kallimachos erfindet etwas umständlich eine
Situation, in der Jungen den Satz so brauchen, daß τὴν
κατά σαυτόν zum äußeren Objekt wird: „Treib deinen
eigenen Kreisel!" Der Satz bekommt dann zum Schluß
— und das ist der Witz des ganzen Gedichtes — einen
bedenklichen Sinn, da man an ἵππον ἐλαύνειν erinnert
wird, wenn die Frau als Objekt zu dem Verbum ἐλᾶν
tritt (vgl. Aristoph. Ekkl. 39 u. κελετίζειν), aber dieser
Nebensinn war poesiefähig, seitdem Anakreon ein jun-
ges Mädchen als thrakisches Füllen angedichtet hatte
(vgl. auch Theogn. 257—60). Offenbar erst nach Kallimachos hat man die Geschichte auch auf Chilon übertragen (s. o. S. 10).

Ein Briefroman
über die Sieben Weisen

Die folgenden acht Briefe sind die Trümmer einer Art
historischen Romans in Briefform. Sie sind überliefert
in den Philosophen-Biographien des Diogenes Laërtios,
die uns so vieles über die Sieben Weisen vermitteln, aber
dort stehen sie verteilt auf die einzelnen Biographien der
Briefschreiber. Hier ist versucht, sie wieder in ihre alte
Ordnung zu bringen. Der ursprüngliche Briefroman war
umfangreicher: der Brief von Thales an Solon spielt
z. B. auf einen Brief des Bias an, der wohl auch mit-
geteilt war; sicher gehörten auch Briefe des Solon und
Thales über ihre Reisen dazu. Ob die Korrespondenz
Thales - Pherekydes vielleicht zu einem anderen, ähnlichen Roman gehört, ist unsicher, aber wahrscheinlich
gehört sie mit zu demselben ursprünglichen Ganzen, denn

es herrscht dieselbe Stimmung und es wird gleichermaßen vorausgesetzt, daß die Weisen herumreisen und sich gegenseitig freundschaftlich besuchen. — Nur sechs Weise werden in den erhaltenen Briefen erwähnt, dazu erscheint als Gegenspieler Peisistratos. Bei der antimonarchischen Tendenz dieses Romans waren Periander und Pittakos als Weise nicht zu gebrauchen. An deren Stelle sind Epimenides und Pherekydes getreten, zwei fromme Leute, der eine ein kretischer Sühnepriester, der Athen von der Pest befreit haben soll, der andere der Verfasser eines theologisch-philosophischen Buches. Ob diese beiden zum erstenmal unser Roman in den Kreis der Sieben Weisen gezogen hat, läßt sich leider nicht ausmachen; dann müßte der Roman vor Hermipp entstanden sein, denn in dessen Liste der Weisen (s. o. S. 6) erscheinen sie schon; in der Liste des Leandrios (o. S. 6) steht aber Pherekydes noch nicht. Da nun Hermipp ein Schüler des Kallimachos war, Leandrios aber von Kallimachos benutzt wird (s. o. S. 120), kämen wir mit unserem Roman in die erste Hälfte des 3. Jahrhunderts. Doch scheint das reichlich früh.

Jedenfalls ist dieser Roman noch in hellenistischer Zeit entstanden, denn die ausgesprochene politische Tendenz verrät noch ein unmittelbares Interesse am Leben der Gegenwart und der kräftige Realismus läßt noch nichts von klassizistischer Blässe spüren. Von früheren Werken unterscheidet sich der Roman dadurch, daß eine eigentümliche Wärme des Gefühls darin hervortritt, — ja geradezu schon Mitleid mit der Not und dem Elend, die dem Menschenleben zugehören. In dem zutraulich-bürgerlichen Ton spricht sich abermals ein neues Hinwenden zum Schlichten aus, das sich sympathisch abhebt etwa von den anspruchsvollen Hohlheiten eines Ephoros. So wird dieser Roman immerhin zu einem bedeutsamen Zeugnis für eine Zeit, aus der uns kaum irgendwelche griechische Prosa-Literatur erhalten ist. — Alle Briefschreiber gebrauchen ihren Heimatdialekt.

ΣΟΛΩΝ ΕΠΙΜΕΝΙΔΗΙ

Οὔτε οἱ ἐμοὶ θεσμοὶ ἄρα 'Αθηναίους ἐπιπολὺ ὀνήσειν ἔμελλον, οὔτε σὺ καθήρας τὴν πόλιν ὤνησας. τό τε γὰρ θεῖον καὶ οἱ νομοθέται οὐ καθ' ἑαυτὰ δύνανται ὀνῆσαι τὰς πόλεις, οἱ δὲ ἀεὶ τὸ πλῆθος ἄγοντες ὅπως ἂν γνώμης ἔχωσιν. οὕτω δὲ καὶ τὸ θεῖον καὶ οἱ νόμοι εὖ μὲν ἀγόντων εἰσὶν ὠφέλιμοι, κακῶς δὲ ἀγόντων οὐδὲν ὠφελοῦσιν. οὐδ' οἱ ἐμοὶ ἀμείνους εἰσὶ καὶ ὅσα ἐγὼ ἐνομοθέτησα, οἱ δ' ἐπιτρέποντες τὸ ξυνὸν ἔβλαπτον, οἳ οὐκ ἐγένοντο ἐμποδὼν Πεισιστράτῳ ἐπιθέσθαι τυραννίδι. οὐδ' ἐγὼ προλέγων πιστὸς ἦν, ἐκεῖνος δὲ πιστότερος κολακεύων 'Αθηναίους ἐμοῦ ἀληθεύοντος. ἐγὼ δὴ θέμενος πρὸ τοῦ στρατηγείου τὰ ὅπλα εἶπον τῶν μὲν μὴ αἰσθανομένων Πεισίστρατον τυραννησείοντα εἶναι ξυνετώτερος, τῶν δὲ ὀκνούντων ἀμύνεσθαι ἀλκιμώτερος. οἱ δὲ μανίαν Σόλωνος κατεγίνωσκον. τελευτῶν δὲ ἐμαρτυράμην ,,ὦ πατρίς, οὗτος μὲν Σόλων ἕτοιμός τοι καὶ λόγῳ καὶ ἔργῳ ἀμύνειν, τοῖς δ' αὖ καὶ μαίνεσθαι δοκῶ, ὥστε ἄπειμί τοι ἐκ μέσου ὁ μόνος ἐχθρὸς Πεισιστράτου. οἱ δὲ καὶ δορυφορούντων αὐτόν, εἴ τι βούλονται.'' ἴσθι γὰρ τὸν ἄνδρα, ὦ ἑταῖρε, δεινότατα ἁψάμενον τῆς τυραννίδος. ἤρξατο μὲν δημαγωγεῖν, εἶτα δὲ ἑαυτῷ τραύματα ποιήσας, παρελθὼν ἐφ' ἡλιαίαν ἐβόα φάμενος πεπονθέναι ταῦτα ὑπὸ τῶν ἐχθρῶν, καὶ φύλακας ἠξίου παρασχεῖν οἱ τετρακοσίους τοὺς νεωτάτους. οἱ δὲ ἀνηκουστήσαντές μου παρέσχον τοὺς ἄνδρας. οὗτοι δὲ ἦσαν κορυνηφόροι. καὶ μετὰ τοῦτο τὸν δῆμον κατέλυσεν. ἦ μάτην ἔσπευδον ἀπαλλάξαι τοὺς πένητας αὐτῶν τῆς θητείας, οἵ γε δὴ νῦν ξύμπαντες ἑνὶ δουλεύουσι Πεισιστράτῳ.

Diogenes Laërtios 1, 64.

SOLON AN EPIMENIDES

Es sollte nun also nicht sein, daß meine Gesetze den Athenern viel halfen, und auch du hast der Stadt, da du sie entsühntest, nicht viel geholfen. Denn Kult und Gesetzgeber können für sich allein dem Staat nicht helfen, das vermögen nur die, die stets nach eigenem Willen die Menge führen können. So sind auch Kult und Gesetze bei guten Führern nützlich, bei schlechten nutzen sie nichts. Auch meine Gesetze machen da keine Ausnahme und alles, was ich angeordnet habe. Die Verantwortlichen aber haben dem Gemeinwesen geschadet, da sie Peisistratos nicht entgegentraten, als er die Tyrannei an sich riß. Meiner Voraussage glaubte niemand; seinen Schmeicheleien trauten die Athener mehr als meiner Wahrheit. Ich legte meine Waffen vor der Feldherrenhalle nieder und sagte, ich sei klüger als die, die nicht merkten, daß Peisistratos Tyrann werden wollte, und tapferer als die, die zauderten, sich gegen ihn zu wehren. Sie erklärten Solon für wahnsinnig; schließlich protestierte ich: „Mein Vaterland, ich, Solon, bin bereit, dich mit Wort und Tat zu schützen, — und sie halten mich sogar für verrückt. So gehe ich fort, der einzige Gegner des Peisistratos. Sie sollen seine Leibgarde sein, wenn sie das lieber mögen." Du mußt wissen, mein Freund, daß er es schlau gemacht hat, die Tyrannei zu gewinnen. Er begann damit, den Volksführer zu spielen. Dann verwundete er sich selbst, ging zum Gerichtshof, schrie und behauptete, seine Gegner hätten ihm dies getan, und verlangte, man solle ihm als Leibwächter 400 Leute stellen, ganz junge. Auf mich hörten sie nicht, sondern bewilligten die Männer; das waren Keulenträger. Darauf schaffte er die Demokratie ab. Wahrlich, umsonst hab ich mich bemüht, die Armen unter ihnen aus der Fron zu befreien; jetzt sind sie alle Sklaven des einen Peisistratos.

ΕΠΙΜΕΝΙΔΗΣ ΣΟΛΩΝΙ

Θάρρει, ὦ ἑταῖρε : αἱ γὰρ ἔτι θητευόντεσσιν Ἀθηναίοις καὶ μὴ εὐνομημένοις ἐπεθήκατο Πεισίστρατος, εἶχέ κα τὰν ἀρχὰν ἀεί, ἀνδραποδιξάμενος τὼς πολιήτας· νῦν δὲ οὐ κακῶς ἄνδρας δουλῶται· τοὶ μεμναμένοι τᾶς Σόλωνος μανύσιος ἀλγιόντι πεδ᾽ αἰσχύνας οὐδὲ ἀνεξοῦνται τυραννούμενοι. ἀλλ᾽ αἴ κα Πεισίστρατος αὐτὸς κατασχέθῃ τὰν πόλιν, οὐ μὰν ἐς παῖδάς γε τήνω ἔλπομαι τὸ κράτος ἵξεσθαι· δυσμάχανον γὰρ ἀνθρώπως ἐλευθεριάξαντας ἐν τεθμοῖς ἀρίστοις δούλως ἦμεν. τὺ δὲ μὴ ἀλᾶσθαι, ἀλλ᾽ ἕρπε ἐς Κρήταν ποθ᾽ ἀμέ. τουτᾶ γὰρ οὐκ ἐσεῖταί τιν δεινὸς ὁ μόναρχος· αἱ δέ πη ἐπ᾽ ἀλατείᾳ ἐγκύρσωντί τοι τήνω φίλοι, δειμαίνω μή τι δεινὸν πάθῃς.
Diogenes Laërtios 1, 113.

ΘΑΛΗΣ ΣΟΛΩΝΙ

Ὑπαποστὰς ἐξ Ἀθηνέων δοκέεις ἄν μοι ἁρμοδιώτατα ἐν Μιλήτῳ οἶκον ποιέεσθαι παρὰ τοῖς ἀποίκοις ὑμέων· καὶ γὰρ ἐνθαῦτά τοι δεινὸν οὐδέν. εἰ δὲ ἀσχαλήσεις ὅτι καὶ Μιλήσιοι τυραννευόμεθα (ἐχθαίρεις γὰρ πάντας αἰσυμνήτας), ἀλλὰ τέρποιο ἂν σὺν τοῖς ἑτάροις ἡμῖν καταβιούς. ἐπέστειλε δέ τοι καὶ Βίης ἥκειν ἐς Πριήνην· σὺ δὲ εἰ προσηνέστερόν τοι τὸ Πριηνέων ἄστυ κεῖθι οἰκέειν, καὶ αὐτοὶ παρὰ σὲ οἰκήσομεν.
Diogenes Laërtios 1, 44.

ΚΛΕΟΒΟΥΛΟΣ ΣΟΛΩΝΙ

Πολλοὶ μέν τιν ἔασιν ἕταροι καὶ οἶκος πάντῃ· φαμὶ δὲ ἐγὼν ποτανεστάταν ἐσεῖσθαι Σόλωνι τὰν Λίνδον δαμοκρατεομέναν. καὶ ἁ νᾶσος πελαγία, ἔνθα οἰκέοντι οὐδὲν δεινὸν ἐκ Πεισιστράτω, καὶ τοὶ ἕταροι δὲ ἑκαστόθεν πὰρ τὺ βασοῦνται.
Diogenes Laërtios 1, 93.

132

EPIMENIDES AN SOLON

Getrost, mein Freund! Hätte Peisistratos seinen
Schlag gegen die Athener geführt, als sie noch Knechte
waren, ehe sie gute Gesetze kannten, dann behielte er
die Macht dauernd dadurch, daß er die Bürger ver-
sklavt hat. Jetzt knechtet er keine schlechten Männer;
sie denken an Solons Warnung mit Schmerz und
Scham und ertragen die Tyrannei nicht. Aber mag
Peisistratos selbst die Stadt ducken, auf seine Kinder
wird, glaube ich, die Macht nicht übergehen. Denn es
ist unmöglich, daß Menschen, die die Freiheit unter
den besten Gesetzen kennen, Sklaven bleiben. Du aber
reise nicht herum, sondern komme zu uns nach Kreta.
Hier brauchst du dich nicht vor einem absoluten Herrn
zu fürchten; wenn dich dagegen auf Reisen dessen An-
hänger treffen, so fürchte ich, daß dir etwas geschieht.

THALES AN SOLON

Wenn du von Athen fortziehst, so, finde ich, siedelst
du am besten nach Milet über, in eure Kolonie. Dort
hast du nichts zu fürchten. Wenn es dir aber peinlich
ist, daß auch die Milesier einen Tyrannen haben (denn
du bist voll Haß gegen alle absoluten Herren), so
kannst du doch die Freude haben, mit uns, deinen
Freunden, zusammen zu leben. Auch Bias hat dir geschrieben, du solltest nach Priene kommen. Falls dir
die Stadt Priene als Wohnort lieber ist, werde auch
ich dorthin ziehen.

KLEOBULOS AN SOLON

Viele Freunde hast du und bist überall zu Haus.
Ich glaube aber, am liebsten wird dem Solon das demo-
kratische Lindos sein; die Insel liegt im Meer; wer dort
lebt, hat von Peisistratos nichts zu fürchten. Die
Freunde werden von allen Seiten zu dir kommen.

ΠΕΙΣΙΣΤΡΑΤΟΣ ΣΟΛΩΝΙ

Οὔτε μόνος Ἑλλήνων τυραννίδι ἐπεθέμην, οὔτε οὐ προσῆκόν μοι, γένους ὄντι τῶν Κοδριδῶν. ἀνέλαβον γὰρ ἐγὼ ἃ ὀμόσαντες Ἀθηναῖοι παρέξειν Κόδρῳ τε καὶ τῷ ἐκείνου γένει ἀφείλοντο. τά τε ἄλλα ἁμαρτάνω οὐδὲν ἢ περὶ θεοὺς ἢ περὶ ἀνθρώπους· ἀλλὰ καθότι σὺ διέθηκας τοὺς θεσμοὺς Ἀθηναίοις, ἐπιτρέπω πολιτεύειν. καὶ ἄμεινόν γε πολιτεύουσιν ἢ κατὰ δημοκρατίαν· οὐκ ἐῶ γὰρ οὐδένα ὑβρίζειν· καὶ ὁ τύραννος ἐγὼ οὐ πλέον τι φέρομαι τἀξιώματος καὶ τῆς τιμῆς, ὁποῖα δὲ καὶ τοῖς πρόσθεν βασιλεῦσιν ἦν τὰ ῥητὰ γέρα. ἀπάγει δὲ ἕκαστος Ἀθηναίων τοῦ αὐτοῦ κλήρου δεκάτην, οὐκ ἐμοί, ἀλλ᾽ ὁπόθεν ἔσται ἀναλοῦν εἴς τε θυσίας δημοτελεῖς καὶ εἴ τι ἄλλο τῶν κοινῶν καὶ ἢν πόλεμος ἡμᾶς καταλάβῃ.

Σοὶ δ᾽ ἐγὼ οὔτι μέμφομαι μηνύσαντι τὴν ἐμὴν διάνοιαν. εὐνοίᾳ γὰρ τῆς πόλεως μᾶλλον ἢ κατὰ τὸ ἐμὸν ἔχθος ἐμήνυες, ἔτι τε ἀμαθίᾳ τῆς ἀρχῆς, ὁποίαν τινὰ ἐγὼ καταστήσομαι. ἐπεὶ μαθὼν τάχ᾽ ἂν ἠνέσχου καθισταμένου, οὐδ᾽ ἔφυγες. ἐπάνιθι τοίνυν οἴκαδε, πιστεύων μοι καὶ ἀνωμότῳ, ἄχαρι μηδὲν πείσεσθαι Σόλωνα ἐκ Πεισιστράτου. ἴσθι γὰρ μηδ᾽ ἄλλον τινὰ πεπονθέναι τῶν ἐμοὶ ἐχθρῶν. εἰ δὲ ἀξιώσεις τῶν ἐμῶν φίλων εἷς εἶναι, ἔσῃ ἀνὰ πρώτους· οὐ γάρ τι ἐν σοὶ ἐνορῶ δολερὸν ἢ ἄπιστον· εἴτε ἄλλως Ἀθήνησιν οἰκεῖν, ἐπιτετράψεται. ἡμῶν δὲ οὔνεκα μὴ ἐστέρησο τῆς πατρίδος.

Diogenes Laërtios 1, 53.

PEISISTRATOS AN SOLON

Ich bin nicht der einzige Grieche, der die Tyrannis ergriffen hat; außerdem kam sie mir zu, da ich aus dem Geschlechte des Kodros bin. Ich habe mir also nur wiedergenommen, was die Athener dem Kodros und seinem Geschlecht eidlich zugesprochen, aber trotzdem wieder entrissen haben. Auch sonst bin ich ohne Schuld gegen Götter und Menschen. Wie du den Athenern ihre Gesetze gegeben hast, genau so lasse ich ihr bürgerliches Leben; und sie sind so besser regiert als in der Demokratie. Denn ich gestatte keine Übergriffe. Und als Tyrann nehme ich mir keine Sonderrechte an Würde und Ehre, abgesehen von denen, die auch den früheren Königen ausdrücklich zugestanden waren. Jeder Athener zahlt von seinem Land den Zehnten, aber nicht mir, sondern der Kasse für öffentliche Opfer und für andere staatliche Ausgaben wie für den Kriegsfall.

Dir mache ich keinen Vorwurf, daß du meinen Plan aufgedeckt hast; denn du tatest das mehr aus Liebe zum Staat als aus Haß gegen mich, und außerdem weil du nicht wußtest, welche Art Herrschaft ich einrichten würde. Hättest du es gewußt, würdest du dich vielleicht damit abgefunden haben und nicht ausgewandert sein. Kehr also zurück und vertrau mir, auch ohne daß ich ausdrücklich schwöre: kein Leid wird dem Solon von Peisistratos geschehen. Denn wisse, auch keinem anderen meiner Feinde ist etwas geschehen. Willst du einer meiner Freunde sein, sollst du zu den Ersten gehören. Denn ich sehe in dir keinen Verrat oder Trug. Auch jedes andere Leben in Athen sei dir gewährt. Um meinetwillen sollst du nicht dein Vaterland verlieren.

ΣΟΛΩΝ ΠΕΙΣΙΣΤΡΑΤΩΙ

Πιστεύω μηδὲν κακὸν ἐκ σοῦ πείσεσθαι. καὶ γὰρ πρὸ τῆς τυραννίδος φίλος σοι ἦν, καὶ νῦν οὐ μᾶλλον διάφορος ἢ τῶν ἄλλων τις 'Αθηναίων ὅτῳ μὴ ἀρέσκει τυραννίς. εἴτε δὲ ὑφ' ἑνὸς ἄρχεσθαι ἄμεινον αὐτοῖς εἴτε δημοκρατεῖσθαι, πεπείσθω ᾗ ἑκάτερος γιγνώσκει. καὶ σέ φημι πάντων τυράννων εἶναι βέλτιστον. ἐπανήκειν δέ μοι 'Αθήναζε οὐ καλῶς ἔχον ὁρῶ, μή μέ τις μέμψηται, εἰ διαθεὶς 'Αθηναίοις ἰσοπολιτείαν καὶ παρὸν τυραννεῖν αὐτὸς οὐκ ἀξιώσας νῦν ἐπανελθὼν ἀρεσκοίμην οἷς σὺ πράσσεις.
Diogenes Laërtios 1, 66.

ΘΑΛΗΣ ΦΕΡΕΚΥΔΕΙ

Πυνθάνομαί σε πρῶτον 'Ιώνων μέλλειν λόγους ἀμφὶ τῶν θείων χρημάτων ἐς τοὺς Ἕλληνας φαίνειν. καὶ τάχα μὲν ἡ γνώμη τοι δικαίη ἐς τὸ ξυνὸν καταθέσθαι γραφὴν ἢ ἐφ' ὁποιοισοῦν ἐπιτρέπειν χρῆμα ἐς οὐδὲν ὄφελος. εἰ δή τοι ἥδιον, ἐθέλω γενέσθαι λεσχηνευτὴς περὶ ὁτέων γράφεις, καὶ ἢν κελεύῃς, παρὰ σὲ ἀφίξομαι ἐς Σῦρον. ἦ γὰρ ἂν οὐ φρενήρεες εἴημεν ἐγώ τε καὶ Σόλων ὁ 'Αθηναῖος, εἰ πλώσαντες μὲν ἐς Κρήτην κατὰ τὴν τῶν κεῖθι ἱστορίην, πλώσαντες δὲ ἐς Αἴγυπτον ὁμιλήσοντες τοῖς ἐκεῖ ὅσοι ἱερέες τε καὶ ἀστρολόγοι, παρὰ σὲ δὲ μὴ πλώσαιμεν; ἥξει γὰρ καὶ ὁ Σόλων, ἢν ἐπιτρέπῃς. σὺ μέντοι χωροφιλέων ὀλίγα φοιτέεις ἐς 'Ιωνίην, οὐδέ σε ποθὴ ἴσχει ἀνδρῶν ξείνων· ἀλλά, ὡς ἔλπομαι, ἐνὶ μούνῳ χρήματι πρόσκεαι τῇ γραφῇ. ἡμέες δὲ οἱ μηδὲν γράφοντες περιχωρέομεν τήν τε Ἑλλάδα καὶ τὴν 'Ασίην.
Diogenes Laërtios 1, 43.

SOLON AN PEISISTRATOS

Ich glaube wohl, daß mir von dir nichts geschehen wird. Ich war ja schon vor der Tyrannis dein Freund und bin jetzt kein größerer Gegner von dir als jeder andere Athener auch, dem die Tyrannis nicht paßt. Ob es besser für sie ist, von einem regiert zu werden oder eine Demokratie zu haben, wollen wir jeder nach eigenem Wissen ausmachen. Ich gebe zu, daß du von allen Tyrannen der beste bist; aber nach Athen zurückzukommen würde sich nicht gut für mich machen. Ich habe den Athenern allgemeine Gleichheit gegeben, ich hätte selbst Tyrann sein können, habe es aber nicht gewollt; da würde man mir Vorwürfe machen, wenn ich zurückkehrte und mich abfände mit dem, was du tust.

THALES AN PHEREKYDES

Ich höre, daß du als erster Ionier theologische Abhandlungen für die Griechen veröffentlichen willst. Vielleicht ist dein Plan richtig, das Buch allgemein bekanntzugeben und es nicht nur irgendwelchen bestimmten Personen anzuvertrauen, was ohne Nutzen wäre. Ist es dir lieb, so will ich gern mit dir durchsprechen, worüber du schreibst, und wenn du wünschst, komme ich zu dir nach Syros. Denn wir wären töricht, ich und Solon aus Athen, wenn wir nach Kreta führen, um dort Forschungen anzustellen, wenn wir nach Ägypten führen, um uns mit den dortigen Priestern und Astrologen zu unterhalten, zu dir aber nicht führen. Denn Solon kommt mit, wenn du gestattest. Du bist heimatlieb und kommst selten nach Ionien, noch hast du Verlangen nach fremden Menschen. Vielmehr widmest du dich, wie ich vermute, ganz einer Sache, deiner Schrift. Wir aber, die wir nicht schreiben, ziehen durch Griechenland und Asien.

ΦΕΡΕΚΥΔΗΣ ΘΑΛΗΙ

Εὖ θνήσκοις ὅταν τοι τὸ χρεὼν ἥκῃ. νοῦσός με κατα-
λελάβηκε δεδεγμένον τὰ παρὰ σέο γράμματα. φθειρῶν
ἔβρυον πᾶς καί με εἶχεν ἠπίαλος. ἐπέσκηψα δ' ὦν τοῖσι
οἰκιήτῃσι, ἐπήν με κατθάψωσι, ἐς σὲ τὴν γραφὴν ἐνεῖκαι. σὺ δὲ ἢν δοκιμώσῃς σὺν τοῖσι ἄλλοισι σοφοῖσι,
οὕτω μιν φῆνον· ἢν δὲ οὐ δοκιμώσητε, μὴ φήνῃς. ἐμοὶ
μὲν γὰρ οὔκω ἥνδανεν. ἔστι δὲ οὐκ ἀτρεκηίη πρηγμάτων,
οὐδ' ὑπίσχομαι τἀληθὲς εἰδέναι, ἄσσα δ' ἂν ἐπιλέγῃ
θεολογέων· τὰ ἄλλα χρὴ νοέειν· ἅπαντα γὰρ αἰνίσσομαι.
τῇ δὲ νούσῳ πιεζόμενος ἐπὶ μᾶλλον οὔτε τῶν τινὰ
ἰητρῶν οὔτε τοὺς ἑταίρους ἐσιέμην, προεστεῶσι δὲ τῇ
θύρῃ καὶ εἰρομένοισι ὁκοῖόν τι εἴη, διεὶς δάκτυλον ἐκ
τῆς κληίθρης ἔδειξ' ἂν ὡς ἔβρυον τοῦ κακοῦ. καὶ προ-
εῖπα αὐτοῖσιν ἥκειν ἐς τὴν ὑστεραίην ἐπὶ τὰς Φερεκύδεω
ταφάς.

Diogenes Laërtios 1,122

PHEREKYDES AN THALES

Mögest du sanft sterben, wenn das Schicksal dich ereilt. Mich hat eine Krankheit gepackt, seit ich deinen Brief empfing. Ich bin ganz voll von Läusen und habe Schüttelfrost. Ich habe die Leute in meinem Haus angewiesen, nach meiner Beerdigung dir das Buch zu bringen. Wenn du mit den übrigen Weisen es billigst, so veröffentliche es; wenn ihr es nicht billigt, veröffentliche es nicht. Ich war noch nicht damit zufrieden. Es gibt keine zuverlässigen Tatsachen, und ich beanspruche nicht die Wahrheit zu wissen, sondern nur das, was man im einzelnen aufnimmt, wenn man über die Götter forscht. Das übrige muß man selbst erdenken, denn ich deute alles nur an. Von der Krankheit immer mehr gequält, ließ ich keinen der Ärzte noch die Freunde zu mir herein. Wenn sie vor meiner Tür standen und fragten, wie es mir ginge, steckte ich meinen Finger durch das Schlüsselloch und zeigte, wie ich von dem Leiden geplagt wurde. Und ich habe ihnen gesagt, sie sollten morgen kommen, um Pherekydes zu begraben.

Wandinschriften in Ostia

Im sogenannten ‚Palazzo dei Cesari‘ zu Ostia, der
Hafenstadt Roms, ist im Jahr 1936 ein Raum ausge-
graben, der, wie die oben an den Wänden gemalten Wein-
krüge vermuten lassen, eine Taverne enthielt. Der Haupt-
schmuck des Raumes waren Gemälde der Sieben Weisen;

trat man von der Straße ein, sah man zur linken Hand zwei, an der gegenüberliegenden Längswand drei und rechts wieder zwei von ihnen, wie sie in Gedanken versunken dasitzen. Nur drei sind erhalten und mit ihnen die recht deftigen Verse, die ihnen beigeschrieben waren und die offenbar ihr brütendes Dasitzen despektierlich interpretieren. Man hat ansprechend vermutet, daß diese Wandgemälde mit den Sieben Weisen kopiert sind nach Buchillustrationen, denn wir kennen solche Siebener-Gruppen von berühmten Männern aus antiken Handschriften, — ja, vielleicht hat man mit Recht angenommen, daß diese Siebener-Gruppen eben auf die Darstellung der Sieben Weisen zurückgehen. Es ist möglich, daß den Sieben Weisen in solchen Abbildungen ihre Kernsprüche beigeschrieben waren, — die hat der Wandmaler nun allerdings abgeändert. Immerhin beweisen diese Sprüche, daß man den Sieben Weisen auch noch um die Mitte des 2. Jahrhunderts n. Chr., zur Zeit, als die allgemeine Bildung in üppigster Blüte stand, Weisheiten zuschrieb, mit denen sie auf die Grundlagen menschlichen Wohlergehens, je wie man es faßte, zielten. Daß die Gesundheit das höchste Gut sei, ist oft auch in der Antike ausgesprochen; daß die Gesundheit von der Diät und allem, was weiter damit zusammenhängt, bestimmt wird, steht für die alten Ärzte genauso fest wie für die Laien; aber in einem Trink- und Speiselokal in dieser Form an das höchste Gut zu erinnern und gar den Sinn der verschiedenen Sprüche in dem lapidaren Satz zusammenzufassen; 'bene caca et irrima medicos' scheint der Gesellschaft vorbehalten gewesen zu sein, von der wir schon aus Petrons Roman wußten, daß sie an solcher Tischunterhaltung Spaß fand. Daß es dergleichen auch schon früher gab, wird man nicht bezweifeln, wenn man daran denkt, was etwa nach volkstümlich derben Vorstellungen bei uns Salomo der Weise spricht. Im allgemeinen pflegt man dergleichen nur nicht aufzuzeichnen und vollends nicht so öffentlich zur Schau zu stellen.

141

ΣΟΛΩΝ ΑΘΗΝΑΙΟΣ

Ut bene cacaret, ventrem palpavit Solon.

ΘΑΛΗΣ ΜΕΙΛΗΣΙΟΣ

Durum cacantes monuit ut nitant Thales.

ΧΕΙΛΩΝ ΛΑΚΕΔΑΙΜΟΝΙΟΣ

Vissire tacite Chilon docuit subdolus.

SOLON AUS ATHEN

Um gut zu kacken rieb sich Solon seinen Bauch.

THALES AUS MILET

Wer harten Stuhlgang hat, soll drücken, mahnte
Thales.

CHILON AUS LAKEDAIMON

Der überschlaue Chilon lehrte leise furzen.

Ausonius' Spiel von den Sieben Weisen

Wie sehr in der Zeit der ausgehenden Antike die alten Hauptsprüche das Wesentliche waren, was man von den Sieben Weisen noch wußte, zeigt das schulmeisterliche ‚Spiel von den Sieben Weisen‘, das der ehemalige Professor, Prinzenerzieher und Konsul Decimus Magnus Ausonius im Jahr 390 n. Chr. als Greis in Bordeaux geschrieben hat. Es spricht hier also einer der Gebildetsten seiner Zeit, — aber die Bildung ist flach geworden. Wie die Figuren eines Uhrwerks treten die Weisen nacheinander auf: jeder sagt sein Sprüchlein her und verschwindet wieder. Eigenes ursprüngliches Leben haben diese Gestalten nicht, und sie wissen von sich selbst nur, daß sie in der Legende existieren, — ja sie sprechen von sich selbst nur so, als ob sie brav in der Schule aufgepaßt hätten, als sie selber durchgenommen wurden. Das Werk ist weder durch seinen Gehalt an erbaulicher Weisheit bedeutsam noch durch seine dürre Gelehrsamkeit oder durch den etwas gequälten Witz, — zudem sind die Verse nicht gut und die sachlichen Angaben häufig falsch: aber es ist doch literarisch interessant, da es aus einer Zeit stammt, aus der uns in einer Umgebung von vielen Jahrhunderten kaum dramatische Dichtungen erhalten sind, und so wie die Isoliertheit und Starre gleichzeitiger Relieffiguren zum Stil der späteren Epochen hinüberweist, fühlt man sich auch in diesem Stück an die Typen mittelalterlicher Spiele erinnert.

LUDUS SEPTEM SAPIENTUM

PROLOGUS

Septem sapientes, nomen quibus istud dedit
Superior aetas nec secuta sustulit,
In orchestram hodie palliati prodeunt.
Quid erubescis tu, togate Romule,
Scaenam quod introibunt tam clari uiri?
Nobis pudendum hoc, non et Atticis quoque:
Quibus theatrum curiae praebet uicem.
Nostris negotis sua loca sortito data:
Campus comitiis, ut conscriptis curia,
Forum atque rostra separat ius ciuium.
Vna est Athenis atque in omni Graecia
Ad consulendum publici sedes loci,
Quam in urbe nostra sero luxus condidit.
Aedilis olim scaenam tabulatam dabat
Subito excitatam nulla mole saxea.
Murena sic et Gallius: nota eloquar.
Postquam potentes nec uerentes sumptuum
Nomen perenne crediderunt, si semel
Constructa moles saxeo fundamine
In omne tempus conderet ludis locum:
Cuneata creuit haec theatri inmanitas.
Pompeius hanc et Balbus et Caesar dedit
Octauianus concertantes sumptibus.
Sed quid ego istaec? non hac de causa huc prodii,
Vt expedirem, quis theatra, quis forum,
Quis condidisset priuas partes moenium:
Set ut uerendos disque laudatos uiros
Praegrederer aperiremque, quid uellent sibi.
Pronuntiare suas solent sententias,
Quas quisque iam prudentium anteuerterit.
Scitis profecto, quae sint: set si memoria

DAS SPIEL VON DEN SIEBEN WEISEN

SPRECHER DES VORSPRUCHS

Die Sieben Weisen, denen diesen Namen
Die Vorzeit gab, die Folgezeit nicht nahm,
Betreten heut in Griechentracht die Bühne.
Was wirst du rot, du Römer in der Toga,
Beim Auftritt solcher hochberühmten Männer?
Nur wir empfinden hierbei Scham, doch nicht
Athener; ihnen dient ja das Theater
Als Rathaus. Doch bei uns hat jedes Tun
Für sich den eignen Platz: die Volksversammlung
Das Marsfeld, der Senat die Kurie;
Markt und Tribüne nimmt sich die Justiz.
Doch in Athen und Griechenland besteht
Um Rat zu pflegen ein Versammlungsplatz,
Den unsrer Stadt erst später Luxus schenkte.
Einst schuf uns der Aedil die Bretterbühne,
Schnell, ohne schwere Steine, aufgerichtet;
Murena tats und Gallius, wie bekannt.
Da glaubten große Herrn, die keine Kosten
Zu scheuen brauchten, daß sie ihren Namen
Unsterblich machten, wenn ein hoher Bau,
Auf Stein gegründet, dem Theaterspiel
Für ewig Raum gewähre, und es wuchs,
In Keile eingeteilt, dies Riesenhaus.
Pompejus, Balbus und Augustus haben
Im Wettstreit der Verschwendung es gebaut.
Doch schwatz ich, denn nicht darum trat ich auf,
Um zu erzählen, wer Theater, Markt
Und einzelnes Gemäuer aufgeführt,
Vielmehr, verehrten gottgelobten Männern
Voraufzugehn, zu künden ihre Absicht.
Sie sind gewohnt, ihr Sprüchlein aufzusagen,
Und jeder Weise spricht sein Lieblingswort.
Ihr kennt die Sätze; doch, wenn die Erinnrung

Rebus uetustis claudit: ueniet ludius
Edissertator harum, quas teneo minus.

LUDIUS

Delphis Solonem scripse fama est Atticum:
Γνῶθι σεαυτόν, quod Latinum est: nosce te.
Multi hoc Laconis esse Chilonis putant.
Spartane Chilon, sit tuum necne ambigunt,
Quod iuxta fertur: ὅρα τέλος μακροῦ βίου,
Finem intueri longae uitae qui iubes.
Multi hoc Solonem dixe Croeso existimant.
Et Pittacum dixisse fama est Lesbium:
Γίγνωσκε καιρόν; tempus ut noris iubet.
Set καιρὸς iste tempestiuum tempus est.
Bias Prieneus dixit: οἱ πλεῖστοι κακοί,
Quod est Latinum: plures hominum sunt mali:
Set inperitos scito, quos dixit malos.
Μελέτη τὸ πᾶν, Periandri id est Corinthii:
Meditationem posse totum qui putat.
῎Αριστον μέτρον esse dicit Lindius
Cleobulus; hoc est: optimus cunctis modus.
Thales set ἐγγύα, πάρα δ᾽ ἄτα protulit.
Spondere qui nos, noxa quia praes est, uetat.
Hoc nos monere faeneratis non placet.
Dixi, recedam, legifer uenit Solon.

SOLON

De more Graeco prodeo in scaenam Solon,
Septem sapientum fama cui palmam dedit;
Set fama non est iudicii seueritas.
Neque enim esse primum me, uerum unum existimo,
Aequalitas quod ordinem nescit pati.

An alte Dinge lahm ist, — seht, hier kommt
Die lustige Person; sie expliziert
Die Sprüche. Mir sind sie entfallen.

LUSTIGE PERSON

In Delphi, heißt's, schrieb Solon von Athen
Γνῶϑι σαυτόν, zu deutsch: erkenne dich.
Doch manche meinen, dies sei Chilons Wort.
Spartaner Chilon, auch wird drum gestritten,
Ob dein der andre Spruch sei: ὅρα τέλος
μακροῦ βίου, den man dir zuschreibt, da du
Befiehlst, das Ende eines langen Lebens
Erst abzuwarten. Viele meinen auch,
Daß Solon dies zu Kroisos einst gesagt.
Doch Pittakos von Lesbos, heißt es, habe
Gesagt: καιρόν γίγνωσκε und ermahnt:
Erkenn die Zeit, — καιρός ist 'rechte Zeit'.
Und Bias von Priene sprach: οἱ πλεῖστοι
κακοί, das heißt auf deutsch: die meisten Menschen
Sind schlecht; — versteh', die Toren nennt er
Und Periander aus Korinth: μελέτη   [schlecht.
τὸ πᾶν; Bedacht, meint er, vermöge alles.
῎Αριστον μέτρον lehrte Kleobulos
Aus Lindos, — deutsch: das Beste ist das Maß.
Und Thales sprach: ἐγγύα, πάρα δ᾽ ἄτα;
Er warnt vor Bürgschaft, da sie Schaden bringt.
Dem, der entleiht, mißfällt zwar diese Mahnung.
Ich hab' gesprochen, trete ab; und Solon,
Der die Gesetze gab, tritt auf.

SOLON

Nach Griechenart betret ich diese Bühne,
Ich Solon, dem der Ruhm den ersten Preis
Der Sieben Weisen gab. Jedoch der Ruhm
Ist anders als des rechten Urteils Strenge.
Als Erster nicht, als Einer will ich gelten,
Da Gleichheit keinen Rang zu scheiden duldet.

Recte olim ineptum Delphicus iussit deus
Quaerentem, quisnam primus sapientum foret,
Vt in orbe tereti nominum sertum inderet,
Ne primus esset, ne uel imus quispiam.
Eorum e medio prodeo gyro Solon,
Vt, quod dixisse Croeso regi existimor,
Id omnis hominum secta sibi dictum putet.
Graece coactum est: ὅρα τέλος μακροῦ βίου.
Quod longius fit, si Latine dixeris:
Spectare uitae iubeo cunctos terminum.
Proinde miseros aut beatos dicere
Euita, quod sunt semper ancipiti in statu.
Id adeo sic est. si queam, paucis loquar.

  Rex, an tyrannus, Lydiae Croesus fuit
His in beatis, diues insanum in modum,
Lateribus aureis templa qui diuis dabat.
Is me euocauit. uenio dicto oboediens,
Meliore ut uti rege possint Lydii.
Rogat, beatum prodam, si quem nouerim.
Tellena dico ciuem non ignobilem:
Pro patria pugnans iste uitam obiecerat.
Despexit, alium quaerit; inueni Aglaum:
Fines agelli proprii is numquam excesserat.
At ille ridens: ,,Quo dein me ponis loco,
Beatus orbe toto qui solus uocor?‘‘
,,Spectandum dico terminum uitae prius:
Tum iudicandum, si manet felicitas.‘‘
Dictum moleste Croesus accepit; ego
Relinquo regem. bellum ille in Persas parat.
Profectus, uictus, uinctus, regi deditus

Mit Recht riet einst der Gott von Delphi dem,
Der töricht fragte, wer der Erste sei
Der Weisen: rund im Kreis sollt er den Kranz
Der Namen schreiben, so daß keiner Erster
Und Letzter keiner sei. Aus ihrem Ring
Tret, Solon, ich hervor, damit, was ich,
Wie's heißt, dem König Kroisos einst gesagt,
Jedwede Menschenschar auf sich bezieht.
Auf Griechisch heißt es bündig: ὅρα τέλος
μακροῦ βίου, im Deutschen wird es länger:
Ich heiße jeden auf des Lebens Ende
Zu sehen. Demgemäß vermeide man,
Zu sagen: der ist elend, jener glücklich,
Denn immer schweben sie im Ungewissen.
So ists. Erlaubt, daß ich es kurz beweise.

Der König, nein, Tyrann von Lydien, Kroisos,
War einer dieser Glücklichen. Er hatte
Unendlich reiche Schätze. Er erbaute
Mit goldnen Wänden Tempel für die Götter.
Der rief mich zu sich, und ich kam gehorsam,
Damit die Lyder einen beßren König
Bekämen. — Ob ich jemand kennte, fragt er,
Der glücklich sei, — so sollte ich ihn sagen:
Ich nannte Telles, einen edlen Bürger, —
Er war im Kampf fürs Vaterland gefallen.
Verächtlich schien ihm der, — so fragt er weiter.
Ich kam auf Aglaos, — der hatte nie
Die Marken seines eignen Felds verlassen.
Da lachte jener: „Wo denn stehe ich,
Der ich allein auf Erden glücklich heiße?"
„Man soll zuerst des Lebens Ende sehen,
Dann kommt das Urteil, wenn das Glück verweilt."
Der Spruch war Kroisos bitter. Aber ich
Ging fort vom König. — Er erklärte Krieg
Den Persern, zog ins Feld und ward besiegt.
Gefesselt und dem König vorgeführt

Stat ille, captans funeris iam instar sui,
Qua flamma totum se per ambitum dabat
Voluens in altum fumidos aestu globos.
Ac paene sero Croesus ingenti sono,
„O uere uates", inquit, „o Solon, Solon!"
Clamore magno ter Solonem nuncupat.
Qua uoce Cyrus motus, extingui iubet
Gyrum per omnem et destrui ardentem pyram:
Et commodum profusus imber nubibus
Repressit ignem. Croesus ad regem ilico
Per militarem ducitur lectam manum;
Interrogatur, quem Solonem diceret
Et quam ciendi causam haberet nominis?
Seriem per omnem cuncta regi edisserit.
Miseratur ille uimque fortunae uidens
Laudat Solonem: Croesum inde in amicis habet
Vinctumque pedicis aureis secum iubet,
Reliquum quod esset uitae, totum degere.
Ego duorum regum testimonio
Laudatus et probatus ambobus fui.
Quodque uni dictum est, quisque sibi dictum putet.

Ego iam peregi, qua de causa huc prodii.
Venit ecce Chilon. uos ualete et plaudite.

CHILON

Lumbi sedendo, oculi spectando dolent,
Manendo Solonem, quoad sese recipiat.
Hui, quam pauca diu locuntur Attici!
Vnam trecentis uersibus sententiam
Tandem peregit meque respectans abit.
Spartanus ego sum Chilon, qui nunc prodeo.
Breuitate nota, qua Lacones utimur,

152

Stand er; schon glaubt' er, auf dem Scheiterhaufen
Den Tod zu finden, da die Flamme rings
Den ganzen Raum erfüllte und mit Glühen
Die Schwaden Rauchs empor zum Himmel wälzte.
Und schier zu spät mit ungeheurer Stimme
Schrie er: „Prophet du wahrlich, Solon, Solon!"
Und dreimal rief er laut des Solon Namen.
Der Ruf bestimmte Kyros, daß er rings
Das Feuer löschen hieß und niederlegen
Den Scheiterhaufen. Und zur Zeit entquoll
Den Wolken Regen, der den Brand bezwang.
Ein auserwählter Trupp Soldaten führte
Sofort den Kroisos zu dem Könige.
Man fragt' ihn, welchen Solon er gemeint
Und welchen Grund er habe, dessen Namen
Zu rufen. Er erzählte nun dem König
Der Reihe nach genau, was er erlebt.
Der fühlte Mitleid und er lobte Solon,
Da er die Macht des Schicksals wohl begriff.
Seitdem war Kroisos unter seinen Freunden:
Mit einer goldnen Kette angetan
Mußt er den Rest des Lebens um ihn sein.
Mich aber lobt von zween Königen
Das Zeugnis, beide sagen: ich hab Recht.
Und was ich Einem sagte, merke jeder sich.

   Ich bin am Schluß mit dem, warum ich kam.
Seht, Chilon kommt. Lebt wohl und klatscht!

CHILON

   Die Lenden tun vom Sitzen weh, die Augen
Vom Schaun; so wartet' ich, daß Solon abtrat.
O weh, wie wenig sagt ein Attiker
In langer Rede! Nur den einen Spruch
Hat er in vielen hundert Versen endlich
Ausdeklamiert. Noch schaut er her, doch geht.
Ich, Chilon, der Spartaner, trete auf.
Ich üb' lakonisch wohlbekannte Kürze,

Commendo nostrum γνῶθι σεαυτόν, nosce te,
Quod in columna iam tenetur Delphica.
Labor molestus iste, fructi est optimi,
Quid ferre possis, quidue non, dinoscere;
Noctu diuque, quae geras, quae gesseris,
Ad usque puncti tenuis instar quaerere.
Officia cuncta, pudor, honor, constantia
In hoc, et ulla spreta nobis gloria.
    Dixi, ualete memores; plausum non moror.

CLEOBULUS

    Cleobulus ego sum, paruae ciuis insulae,
Magnae sed auctor, qua cluo, sententiae:
῎Αριστον μέτρον quem dixisse existimant.
Interpretare tu, qui orchestrae proximus
Gradibus propinquis in quatuordecim sedes:
῎Αριστον μέτρον an sit optimus modus,
Dic! adnuisti. gratiam habeo. persequar
Per ordinem. iam dixit ex isto loco
Afer poeta uester: ut ne quid nimis,
Et noster quidam: μηδὲν ἄγαν. huc pertinet
Vterque sensus, Italus seu Dorius,
Fandi, tacendi, somni, uigilii is modus,
Beneficiorum, gratiarum, iniuriae,
Studii, laborum; uita in omni quidquid est,
Istum requirit optimae pausae modum.
    Dixi, recedam: sit modus. uenit Thales.

THALES

    Milesius Thales sum: aquam qui principem
Rebus creandis dixi, ut uates Pindarus.
. . . .
Dedere piscatores extractum mari;
Namque hi iubente Delio me legerant,

154

Empfehl mein γνῶϑι σαυτόν, „kenne dich!",
Das schon in Delphi an der Säule steht.
Zwar bringt es Arbeit, doch auch schönsten Lohn,
Was du vertragen kannst, was nicht, zu kennen;
Nachts, tags, was du getan hast, was du tust,
Bis auf den feinsten Punkt hin zu erforschen.
Die Pflichten alle, Ehre, Scham, Beharren,
Sind hier, und aller Ruhm, von dem ich schweige.
Ich hab gesprochen; lebet wohl; bedenkt's!
   Ich warte nicht auf den Applaus.

KLEOBULOS

   Ich Kleobulos stamm von kleiner Insel,
Doch fand ich (und man rühmt es) großen Spruch:
"Αριστον μέτρον, glaubt man, sei von mir.
Verdolmetsch es, der du der Bühne nahe
Dort sitzest auf den ersten vierzehn Stufen:
"Αριστον μέτρον, — ob das Maß das Beste?
So sprich! Du nickst. Hab Dank! Ich fahre fort
Der Ordnung nach. Einst sagte euer Dichter
Terenz an diesem Platz: „Nur nicht zu viel."
Bei uns ein Dichter sprach: μηδὲν ἄγαν.
Und beider Wort, des Römers und des Griechen,
Gehört hierher: Im Reden, Schweigen, Wachen,
Im Schlafen gilt dies Maß, im Wohltun, Danken,
Verletzten, Arbeiten, Studieren, — alles
Im Leben braucht der guten Pause Maß.
   Ich bin am Ende, und ich trete ab.
Das Maß, es gelte. Thales kommt.

THALES

   Ich heiße Thales aus Milet. Das Wasser,
Lehrt ich wie Pindar, ist der Dinge Ursprung.
Den Dreifuß brachten mir die Fischer einst,
Den sie mit ihrem Netz emporgezogen.
Apollons Weisung führte sie zu mir,

Quod ille munus hoc sapienti miserat,
Ego recusans non recepi et reddidi
Ferendum ad alios, quos priores crederem.
Dein per omnes septem sapientes uiros
Missum ac remissum rursus ad me deferunt,
Ego receptum consecraui Apollini;
Nam si sapientem deligi Phoebus iubet,
Non hominem quemquam, set deum credi decet.
Is igitur ego sum. causa set in scaenam fuit
Mihi prodeundi, quae duobus ante me,
Adsertor ut sententiae fierem meae.
Ea displicebit, non tamen prudentibus,
Quos docuit usus et peritos reddidit.
En ἐγγύα, πάρα δ᾿ ἄτα, graece dicimus:
Latinum est: sponde, noxa set praesto tibi.
Per mille possem currere exempla, ut probem
Praedes uadesque paenitudinis reos;
Sed nolo quemquam nominatim dicere.
Sibi quisque uestrum dicat et secum putet,
Spondere quantis damno fuerit et malo.
Gratum hoc officium manet inanibus tamen.
    Pars plaudite ergo, pars offensi explodite.

BIAS

    Bias Prieneus quod dixi: οἱ πλεῖστοι κακοί
Latine dictum suspicor: plures mali.
Dixisse nollem; ueritas odium parit.
Malos sed imperitos dixi et barbaros,
Qui ius et aequum et sacros mores neglegunt.
Nam populus iste, quo theatrum cingitur,
Totus bonorum est. hostium tellus habet,
Dixisse quos me creditis, plures malos.
Sed nemo quisquam tam malus iudex fuat,

Da er dem Weisesten dies Werk bestimmte.
Ich wollt es nicht behalten, gabs zurück,
Damit sie es an andre weitergäben,
Die ich für würd'ger hielt. So gings die Runde,
Gesandt zu allen Sieben weisen Männern;
Zurückgesandt zu mir bracht man es wieder.
Ich aber nahms und weiht es dem Apoll.
Wenn nämlich einen Weisen auszuwählen
Apoll befahl, ists recht, auf Menschen nicht,
Vielmehr auf einen Gott dies zu beziehn. —
Der also bin ich. Auf die Bühne tret ich
Aus gleichem Grunde wie die beiden vor mir,
Daß ich wie sie hier meinen Spruch vertrete.
Der wird mißfallen, aber nicht den Klugen,
Die durch Erfahrung schon gewitzigt sind.
'Εγγύα, πάρα δ' ἄτα sag ich griechisch,
Auf deutsch: nimm Bürgschaft, doch schon hast du
Ich könnte der Exempel tausend geben   [Schaden!
Und zeigen, wie ein Bürge reuig ward.
Doch will ich niemanden mit Namen nennen,
Ihr mögt euch selber sagen und berechnen,
Wievielen Bürgschaft Leid und Schulden brachte.
Doch lieb bleibt dies Geschäft den lockren Burschen.
    So klatscht denn also nur zum Teil, — dagegen
Zum andren Teile pfeift mich aus.

BIAS

    Ich Bias aus Priene sprach: οἱ πλεῖστοι
κακοί; das heißt, glaub ich, auf deutsch: die meisten
Sind schlecht. Ich wollt ich hätt' es nie gesagt.
Wahrheit zeugt Haß. Schlecht nannt ich die Barbaren
Und Toren, die das Recht und das Gesetz
Und fromme Art verachten. Hier das Volk,
Das rings den Raum umkränzt, besteht jedoch
Aus lauter Guten. Nur im Feindesland,
Glaubt mir, das meint ich, sind die Menschen schlecht.
Doch niemand mag so schlechter Richter sein,

Quin iam bonorum partibus se copulet,
Siue ille uere bonus est, seu dici studet.
Iam fugit illud nomen inuisum mali.
    Abeo. ualete et plaudite, plures boni.

PITTACVS

    Mytilena ego ortus Pittacus sum Lesbius,
Γίνωσκε καιρόν qui docui sententiam.
Sed iste καιρός, tempus ut noris, monet
Et esse καιρόν, tempestiuum quod uocant.
Romana sic est uox: uenito in tempore.
Vester quoque iste comicus Terentius
Rerum omnium esse primum tempus autumat,
Ad Antiphilam quom uenerat seruus Dromo
Nullo inpeditam, temporis seruans uicem.
Reputate cuncti, quotiens offensam incidat,
Spectata cui non fuerit opportunitas.
    Tempus monet, ne sim molestus. plaudite.

PERIANDER

    Ephyra creatus huc Periander prodeo,
Μελέτη τὸ πᾶν qui dixi et dictum iam probo,
Meditationem esse omne, quod recte geras.
Is quippe solus rei gerendae est efficax,
Meditatur omne qui prius negotium.
Aduersa rerum uel secunda praedicat
Meditanda cunctis comicus Terentius.
Locare sedes, bellum gerere aut ponere,
Magnas modicasque res, etiam paruas quoque
Agere uolentem semper meditari decet.
Nam segniores omnes in coeptis nouis,
Meditatio si rei gerendae defuit.
Nil est, quod ampliorem curam postulet,

158

Daß er sich nicht zur Schar der Guten hielte,
Sei er nun wahrhaft gut, sei es, daß er
Gut heißen möchte. Schon hat sich verflüchtigt
Das üble Wort: ein Schlechter. — Ich tret ab;
Lebt wohl und klatscht, ihr — meistens Gute.

PITTAKOS

Ich stamm aus Mytilene, Pittakos,
Der Lesbier, und sprach: καιρὸν γίγνωσκε.
Doch der καιρός gemahnt, die Zeit zu kennen,
Und daß καιρός sei — ,rechte‘ Zeit heißts da —.
Auf deutsch sagt man entsprechend: ʿKomm zur Zeit.ʾ
Auch euer Lustspieldichter, der Terenz,
Empfahl, am wichtigsten sei dies ,Zur-Zeit‘,
Da zur Antiphila der Sklave Dromo
In höchst gelegener Minute kam.
Berechnet alle, wievielmal ein Mensch,
Der die Gelegenheit nicht wohl bedenkt,
In Schwierigkeit kommt! — Es mahnt die Zeit,
Daß ich nicht lästig falle. Klatscht!

PERIANDER

Geboren in Korinth, ich Periander,
Tret auf, der ich verkündet hab: μελέτη
τὸ πᾶν; ich billige den Satz, daß alles
Was einer gut macht, Überlegung ist.
Erfolgreich ist in seinem Handeln nur,
Wer vorher jegliches Geschäft bedenkt.
Man soll des Glücks, des Unglücks Möglichkeiten
Bedenken, lehrt Terenz, der Lustspieldichter.
Denn wer ein Haus vermieten, Krieg beginnen,
Wer Frieden schließen will, wer Großes, Mindres,
Ja selbst wer Kleines plant, soll sich bedenken.
Man wird im neuen Unternehmen träge,
Wenn man die Sache vorher nicht bedenkt.
Nichts ist, was größre Sorgfalt finden muß,

Quam cogitare, quid gerendum sit. dehinc
Incogitantes fors, non consilium regit.
    Sed ego me ad partes iam recipio. plaudite,
Meditari uestram rem curetis publicam.

Als einen neuen Schritt zu überlegen.
Die Unbedachten lenkt das Glück, nicht Klugheit.
  Jedoch ich trete schon zur Seite. Klatscht!
Bedenkt euch auch für euren Staat.

Die Weisen als Propheten Christi

Auch im christlichen Griechenland bewahrten sich die Sieben Weisen ihr hohes Ansehen; noch immer traute man ihnen die höchste Weisheit zu, — aber es gab nur noch die Eine Weisheit: ein echter Weiser der heidnischen Zeit konnte nur das Kommen Christi vorausgesagt haben. In diesem Sinne heißen die Sieben Weisen schon um das Jahr 200 bei Clemens von Alexandria „Propheten" (Stromata 5, 4, 24, 1), und Clemens, der sich müht, die heidnische Bildung mit hinüberzunehmen in das Christentum, beginnt schon damit, die Sprüche der Sieben Weisen „allegorisch" zu deuten; der Satz „Erkenne dich selbst" etwa bedeutet ihm: „Erkenne, wozu du geboren bist, wessen Bildnis du bist, was deine Habe und was dein Schaffen und was deine Vertrautheit mit Gott ist." Solche allegorische Deutung ist noch nahe verwandt mit der Interpretation, die man seit hellenistischer Zeit den Dichtern, vor allem Homer hat zukommen lassen; sie verbindet sich schon bei Clemens mit der Deutung des Alten Testaments, in dem man das Kommen Christi prophezeit fand. Im Mittelalter war dann die Verbindung dieser zwei Arten von Textauslegung sehr verbreitet, übrigens nicht nur im Osten, sondern auch im Westen. Aber wenn im Bereich der römischen Kirche etwa Vergil

zum christlichen Propheten umgedeutet ist und wenn das,
nicht ohne Einfluß Englands und Deutschlands, zu einer
reichen Legendenbildung geführt hat, so war im byzan-
tinischen Bezirk das Leben der Sieben Weisen sehr viel
müder. Es spricht aus den hier folgenden Traktaten eine
religiöse Beschaulichkeit, die mit der platonischen Kon-
templation (s. o. S. 74) nichts mehr zu schaffen hat, —
denn diese war höchste geistige Tätigkeit. Hier liegt nicht
nur die Antike verloren fern, sondern auch das Heilige
und die ganze Welt; der Mensch schaut nur müde-träu-
merisch aus nach dem Höheren.

Die zu christlichen Propheten metamorphosierten
Weisen treten hier unter sonderbaren Namen auf. Die
frommen Verfasser haben nur noch dunkel berühmte
Namen aus dem Altertum herüberklingen hören, — alle
Unterschiede waren ja auch gleichgültig, da es nur noch
ei n e Lehre und nur noch e i n geschichtliches Ereignis
gab. So sind der Dichter Homer, die Philosophen Platon
und Aristoteles, der Historiker Thukydides und der späte
Plutarch unter die Sieben Weisen geraten, — ja selbst
der Komödiendichter Menander und der Gott Ares. Zwei
Namen sind unverständlich. Don Trismegistos ist offen-
bar der ägyptische Hermes (= Thoth) Trismegistos und
Kleomedes ist vielleicht Kleobulos, obwohl in dem zweiten
Stück sonst keiner der alten Sieben Weisen übrig ge-
blieben ist. — In dem ersten Traktat, der uns in vielen
Handschriften und in mancherlei Brechungen vom 12.
Jahrhundert an kenntlich ist, ist noch viel altes, heid-
nisches Gut enthalten; in dem zweiten, den uns Hand-
schriften des 16. und 17. Jahrhunderts überliefern, fin-
den sich fast nur Reminiszenzen an Alttestamentliches
und Christliches.

Durch diese Traktate sind die Sieben Weisen noch
fast bis in unsere Tage hinein bedeutsam geblieben: aus
ihnen sind sie in eine vielbenutzte ikonographische Mal-
anweisung und dadurch auf die Wandbilder vieler grie-
chisch-orthodoxer Kirchen gekommen.

ΠΡΟΦΗΤΕΙΑΙ ΤΩΝ ΕΠΤΑ ΣΟΦΩΝ

Οἱ ἑπτὰ σοφοὶ ἠρώτησαν τὸν Ἀπόλλωνα περὶ ναοῦ Ἀθηνῶν τάδε· προφήτευσον ἡμῖν προφῆτα, Τιτὰν Φοῖβ᾽ Ἄπολλον· τίς ἐστι τίνος τε εἴη μετὰ σὲ δόμος οὗτος;

Ἀπόλλων εἶπε: Ὅσα μὲν πρὸς ἀρετὴν καὶ κόσμον ὄρωρε ποιεῖν, ποιεῖτε. ἐγὼ δ᾽ ἐφετμεύω τρεῖς ἕνα ὑψιμέδοντα θεόν, οὗ λόγος ἄφθιτος ἐν ἀδαεῖ κόρῃ ἔσται ἔγκυμος· ὥσπερ γὰρ πυρφόρον τόξον ἅπαντα κόσμον ζωγρήσας πατρὶ προσάξει δῶρον. Μαρία δὲ τοὔνομα αὐτῆς.

— Ψεύδῃ, Ἄπολλον.

— Ἀπεκρίθη· οὐ μὰ τὸν ἐν στέρνοισιν ἐμοῖς σείοντα χαλινά.

Βίας εἶπεν· οὐκ ἐφικτὸν μὲν εἰς ἀμυήτους εἰπεῖν τοιαῦτα ἢ φανερῶς ἀποθέσθαι, πλὴν τῷ νοῒ ἀκούσατε. οὗτός ἐστι φῶς νοερὸν ἐκ φωτὸς νοεροῦ· καὶ ἦν αὐτῷ ἕνωσις ἐκ τοῦ αὐτοῦ νοῦ φωτὶ καὶ πνεύματι. πάντα ἐξ αὐτοῦ, ὑπ᾽ αὐτοῦ. γόνιμος ἐν γονίμου φύσει κατελθὼν ἐπὶ γονίμῳ ὕδατι γόνιμον ὕδωρ ἐποίησεν.

Σόλων εἶπεν· οὗτός ἐστιν ἀπ᾽ οὐρανῶν μεγάλων βεβηκώς, φλογὸς ὑπερβάλλων ἀθάνατον ἀένναον πῦρ· ὃν τρέμει οὐρανὸς γαῖά τε καὶ θάλασσα καὶ τάρταροι, βύθιοι δαίμονες· αὐτοπάτωρ τρισόλβιος.

Χίλων εἶπεν· ὀψέ ποτέ τις ἐπὶ τὴν πολυσχιδῆ ταύτην ἐλάσειε γαῖαν καὶ δίχα σφάλματος σὰρξ γενήσεται· ἀκαμάτοις θεότητος πόνοις ἀνιάτων παθῶν λύσει φθοράν· καὶ τούτῳ γενήσεται φθόνος λαοῦ· καὶ πρὸς ὕψος κρεμασθεὶς ὡς θανάτου κατάδικος πάντα πραέως πείσεται.

WAHRSAGUNGEN DER SIEBEN WEISEN

Die Sieben Weisen fragten den Apoll wegen des Tempels in Athen folgendes: Künde uns, Prophet, Titan Phoibos Apollon: Was ist und wessen wird sein nach dir dieses Haus?

Apollon sprach: Was zu tun zur Tugend und zur Ordnung dient, das tut. Ich verkünde den dreieinigen, in der Höhe waltenden Gott, dessen unvergängliches Wort in einer unerfahrenen Jungfrau zur Leibesfrucht wird. Denn wie ein feuriges Geschoß wird es die ganze Welt erjagen und dem Vater als Geschenk heimbringen. Maria aber ist ihr Name.

Du lügst, Apoll.

Er antwortete: Wahrlich nein, bei dem, der in meiner Brust die Zügel schüttelt.

Bias sprach: Es ist nicht möglich, zu Ungeweihten solches zu sagen, es sei denn, ihr höret mit Verstand. Dieser ist das geistige Licht aus geistigem Licht. Er besaß die Einheit aus seinem Geist durch Licht und Odem. Alles ist aus ihm, durch ihn. Fruchtbar in des Fruchtbaren Natur herabkommend hat er bei fruchtbarem Wasser fruchtbares Wasser geschaffen.

Solon sprach: Dies ist der, der von den großen Himmeln daherschritt, stärker als das unsterbliche ewige Feuer der Flamme. Vor ihm zittern Himmel und Erde und Meer und der Tartaros, die Geister der Tiefe. Sein eigener dreimalseliger Vater.

Chilon sprach: Dereinst wird jemand auf diese vielzerklüftete Erde kommen und ohne Sünde wird er Fleisch werden. Durch der Gottheit unermüdliche Mühen wird er das Verderben der unheilbaren Leiden lösen. Und ihn wird treffen der Neid des Volkes. Und er wird in der Höhe aufgehängt werden, als sei er des Todes schuldig, und alles wird er sanft erdulden.

Θουκυδίδης εἶπεν· ἀκάματος φύσις θεοῦ γεννή-σεως· ἐξ αὐτοῦ δὲ ὁ αὐτοῦ οὐσιοῦται λόγος.

Μένανδρος εἶπεν· θεὸν σέβου καὶ μάνθανε, μὴ ζήτει δὲ τίς ἐστιν ἢ πῶς ἐστιν· εἴτε γὰρ ἔστιν εἴτε οὐκ ἔστιν, ὡς ὄντα τοῦτον καὶ σέβου καὶ μάνθανε· ἀσεβὴς γὰρ τὸν νοῦν ὁ θέλων μανθάνειν θεόν.

Πλάτων εἶπεν· ὁ παλαιὸς νέος καὶ ὁ νέος ἀρχαῖος. ὁ πατὴρ γόνος καὶ ὁ γόνος πατήρ· τὸ ἓν τρία καὶ τὰ τρία ἕν· ἄσαρκον σαρκικόν· γῆ τέτοκε τὸν οὐρανοῦ γεννή-τορα.

Fragmente griechischer Theosophien, herausgegeben von H. Erbse, 1941, S. 213.

ΔΙΗΓΗΣΙΣ ΤΙΝΟΣ ΦΙΛΟΣΟΦΟΥ ΠΕΡΙ ΤΩΝ ΕΠΤΑ ΕΛΛΗΝΩΝ ΤΩΝ ΦΙΛΟΣΟΦΩΝ ΔΙΑ ΤΗΝ ΑΝΩ ΠΡΟΝΟΙΑΝ

᾿Εν ταῖς ἡμέραις ἐκείναις Διογένει τῷ φιλοσόφῳ ἐν ταῖς χρυσαῖς ᾿Αθήναις παρέβαλον οἱ ἑπτὰ σοφοὶ τοῦ ἰδεῖν αὐτὸν ἐπί τινος δώματος καθεζόμενον· καὶ προσ-κυνήσαντες αὐτὸν ἐκάθισαν καὶ αὐτοί· ὧν εἰσιν τὰ ὀνό-ματα Πλούταρχος, Ἄρης, Ὁ Δῶν ὁ Τρισμέγιστος, Κλεο-μήδης, Πλάτων, ᾿Αριστοτέλης καὶ Ὅμηρος. καὶ πολλὰ διαλεχθέντες μετ᾿ αὐτοῦ περὶ γεωμετρίας καὶ ἀστρονο-μίας, σὺν τούτοις καὶ ἀποτελεσματικῆς καὶ φυσικῆς ἀκροάσεως καὶ ἐν ἑτέροις λόγοις οὐκ ὀλίγοις, καὶ ἀνα-στὰς Διογένης ὁ θαυμαστὸς εἶπεν· ὦ ἄνδρες θαυμάσιοι καὶ φιλόσοφοι καὶ τῶν Ἑλλήνων προῦχοι καὶ διδάσκα-λοι, ἐρωτῶ ὑμᾶς· ἐσχάτοις καιροῖς καὶ χρόνοις τί μέλλει ποιήσειν ἡ ἄνω πρόνοια εἰς τὰ γένη τῶν Ἑλλήνων; οἶδα γὰρ ὅτι ἐματαιώθησαν οἱ τῶν Ἑλλήνων παῖδες· ἀνα-

Thukydides sprach: Unermüdlich ist die Natur des Schaffens Gottes. Durch ihn wird sein eigenes Wort zum Sein gebracht.

Menander sprach: Verehre Gott und erkenne ihn, aber suche nicht, wer er ist und wie er ist. Ob er nämlich ist oder nicht ist, als Seienden verehre und erkenne ihn. Denn unfromm in seinem Sinn ist, wer Gott erkennen will.

Platon sprach: Der Alte ist jung, der Junge ist alt; der Vater ist der Sohn und der Sohn der Vater; das Eine ist Drei und Drei ist Eins; das Unfleischliche fleischlich; die Erde gebar den Schöpfer des Himmels.

ERZÄHLUNG EINES PHILOSOPHEN
ÜBER DIE SIEBEN GRIECHISCHEN
PHILOSOPHEN, HANDELND VON DER
HIMMLISCHEN VORSEHUNG

In jenen Tagen kamen zu dem Philosophen Diogenes in dem goldenen Athen Sieben Weise, um ihn zu besuchen, da er gerade an einem Hause saß. Und da sie ihn begrüßt hatten, setzten auch sie sich. Ihre Namen sind: Plutarch, Ares, Don der Dreimalgrößte, Kleomedes, Platon, Aristoteles und Homer. Und da sie viel untereinander gesprochen hatten, über Geometrie und Astronomie und zudem über astrologische und naturkundliche Lehre und über nicht wenige andere Gegenstände, erhob sich Diogenes, der ehrwürdige, und sprach: „Ihr ehrenwerten Männer und Philosophen und Ersten der Griechen und Lehrer, ich frage euch: Was wird in den äußersten Zeiten die himmlische Vorsehung den Geschlechtern der Griechen bereiten? Denn ich weiß, daß die Kinder der Griechen zu Toren geworden sind, denn schändlich

ξίως πολιτεύονται ἐν εἰδώλοις καὶ ἐν πάσῃ ἀκαθαρσίᾳ, τὸν δὲ πάντων ποιητὴν ἐγκατέλιπον· εἴπατε ἡμῖν σημεῖον ὡς μέγιστοι καὶ μεγάλοι ἀστρονόμοι καὶ φιλόσοφοι· παρακαλῶ ὑμᾶς, φράσατε ἡμῖν.

Καὶ ἀνοίξας τὸ στόμα εὐθὺς ὁ Πλούταρχος εἶπεν· ὀψέ ποτε ὁ ἄναρχος ἀνάρχου γόνος λόγος ἐπὶ τὴν πολυσχιδῆ ταύτην ἐλάσειε γῆν καὶ κατοικήσει ἐν ἀδαεῖ κόρῃ· ἧς τὸ ὄνομα Μαρία· καὶ παραδοθήσεται εἰς φθόνον ἐξ ἀπίστου λαοῦ καὶ σταυρωθήσεται· καὶ τέλος ἀναστήσεται καὶ σώσει πάντα κόσμον. ἔστι δὲ τὸ ὄνομα αὐτοῦ Ἰησοῦς, ὁ λέγεται ἰατρός.

Ἄρης εἶπεν· γόνος ἐκ γόνου κατελθὼν γόνος γόνου ἐπὶ μήτρας οἰκῆσαι θέλων καὶ γεννηθεὶς ἄνθρωπος, τέλειος θεός, πάντα τὰ γένη σώσει ἀπὸ Ἀδὰμ ἕως αὐτοῦ καὶ τῷ γεννήτορι προάξει δῶρον.

Ὁ Δῶν ὁ Τρισμέγιστος εἶπεν· ὁ θεός ἐστιν νοῦς καὶ λόγος καὶ πνεῦμα. καὶ ὁ λόγος σαρκωθεὶς ἐκ τοῦ πατρὸς πάντα ἄνθρωπον ῥύσεται τῆς ἀλογίας τῆς πικρᾶς καὶ τὸν διάβολον καταργήσει καὶ δώσει βάπτισμα τῷ λαῷ αὐτοῦ· καὶ μακάριος ὅστις ἀκούσῃ αὐτοῦ.

Κλεομέδης εἶπεν· ὁ τόν τε οὐρανὸν τανύσας καὶ τὴν γῆν ἐπὶ ὑδάτων ἑδράσας ἐσύστερον γεννᾶται ἐξ ἀχράντου Μαρίας τῆς παρθένου· καὶ λαμβάνει σάρκα ἐξ αὐτῆς καὶ γίνεται ἄνθρωπος τέλειος, ὁ τοῦ παντὸς ποιητής· καὶ τὸν θάνατον πατήσας καὶ τὸν διάβολον καταργήσας ζωὴν δωρήσει τῷ κόσμῳ.

Πλάτων ὁ μεγαλώνυμος εἶπεν· θεὸς ἦν μὲν ἀεὶ καὶ ἔστιν καὶ ἔσται, οὔτε ἀρξάμενος οὔτε παυσάμενος.

168

wandeln sie zwischen Götzen und in jeglicher Unreinheit; den Schöpfer aller Dinge aber haben sie verlassen. Nennet mir ein Zeichen, daß ihr die Größten seid und große Sternkundige und Philosophen. Ich bitte euch, sagt es mir.

Und es öffnete seinen Mund sogleich Plutarch und sprach: Dereinst wird der, der keinen Anfang hat, der Sohn dessen, der keinen Anfang hat, das Wort, auf diese vielzerklüftete Erde kommen und wird wohnen in einer unerfahrenen Jungfrau. Ihr Name ist Maria. Und er wird überantwortet dem Neid des ungläubigen Volkes und wird gekreuziget werden. Und endlich wird er auferstehen und die ganze Welt retten. Sein Name aber ist Jesus, das heißt Arzt.

Ares sprach: Der Sohn kommt vom Sohn herab und will, ein Sohn des Sohnes, in einem Mutterschoß wohnen und wird geboren als Mensch, ein vollkommener Gott, und wird alle Geschlechter retten von Adam bis zu ihm selbst, und er wird sie dem Vater als Geschenk zuführen.

Don der Dreimalgrößte sprach: Gott ist Vernunft und Wort und Geist. Und das Wort, das Fleisch geworden ist durch den Vater, wird jeden Menschen retten aus dem bitteren Unverstand und wird den Teufel zunichte machen und wird seinem Volke die Taufe geben. Und selig ist, wer auf ihn hört.

Kleomedes sprach: Der den Himmel ausgespannt hat und die Erde auf den Wassern gegründet, wird später geboren aus der unbefleckten Jungfrau Maria. Und er nimmt an das Fleisch von ihr und wird ein vollständiger Mensch, der Schöpfer des Alls. Und den Tod wird er zertreten und den Teufel zunichte machen und der Welt das Leben schenken.

Platon der Berühmte sprach: Gott war immer und ist und wird sein, ohne Anfang und ohne Ende.

ὁ δὲ υἱὸς αὐτοῦ ὁ Χριστὸς μέλλει γεννηθῆναι ἐκ παρ-
θένου Μαρίας· καὶ πιστεύω εἰς αὐτόν. ἐπὶ δὲ εὐσεβοῦς
βασιλέως πάλιν ὄψει με, ἥλιε. τὸν δὲ ναὸν τοῦ Ἀπόλλωνος καταργήσας, καὶ κληθήσεται εἰς τὸ ὄνομα τῆς
μητρὸς αὐτοῦ Μαρίας.

Ἀριστοτέλης εἶπεν· ἐν ταῖς ἡμέραις ἐκείναις τὸ
φῶς τῆς ἁγίας τριάδος λάμψει ἐπὶ πᾶσαν τὴν κτίσιν καὶ
τὰ χειροποίητα εἴδωλα καὶ κωφὰ καὶ ἀναίσθητα, ἃ
προσκυνοῦσι τῶν Ἑλλήνων τὸ γένος ὡς θεούς, ἀφανίσει
αὐτὰ εἰς τέλος. τὸ δὲ ὄνομα αὐτοῦ αὐξυνθήσεται καὶ
τιμηθήσεται παρὰ βασιλέων καὶ μεγιστάνων ἐφ' ὅλην
τὴν οἰκουμένην· καὶ δώδεκα καὶ ἑβδομήκοντα στήσει
κριτὰς καὶ διδασκάλους ἐπὶ πᾶσαν τὴν γῆν· αὐτὸς μετὰ
τὸ παθεῖν καὶ ἀναστῆναι ἀναληφθήσεται καὶ ἐκ δεξιῶν
τοῦ πατρὸς καθεσθεὶς πάλιν ἔρχεται κρῖναι ζῶντας καὶ
νεκρούς· καὶ ἀποδώσει ἑκάστῳ κατὰ τὰ ἔργα αὐτοῦ.

Τέλος δὲ πάντων Ὅμηρος εἶπεν· ἥξει πρὸς ἡμᾶς
ὀψὲ γῆς ἄναξ καὶ πόλου καὶ σὰρξ φανεῖται δίχα τινὸς
σφάλματος· καὶ λαμβάνει σάρκα ἀπὸ Ἑβραΐδα παρ-
θένον· καὶ καλέσουσιν αὐτὸν ἄφεσιν καὶ ἀγαλλίασιν·
καὶ σταυρωθήσεται ἀπὸ ἀπίστου γένους τῶν Ἑβραίων.
καὶ μακάριοι οἱ ἀκούοντες αὐτοῦ· οὐαὶ δέ, οἱ μὴ ἀκούοντες.

Ἀκούσας ὁ Διογένης ὁ θαυμαστὸς ταῦτα ἐθαύμασε
λίαν ἐπὶ τὰς προφητείας τῶν ἑπτὰ φιλοσόφων· ἔγραψε
δὲ εἰς τὴν Φυσικὴν Ἀκρόασιν καὶ ἔθετο αὐτὰς εἰς τὸ
ἱερὸν τοῦ Ἀπόλλωνος. ἀφ' οὗ δὲ ἡ σωτήριος οἰκονομία
ἐγένετο εἰς ἡμᾶς καὶ τὸ ἔλεος, ἐβασίλευσε πρῶτος βασιλεὺς ἐν Χριστιανοῖς ὁ μέγας Κωνσταντῖνος. ὁ βασιλεὺς

170

Sein Sohn aber, Christus, wird geboren werden von der Jungfrau Maria, und ich glaube an ihn. Unter einem frommen König aber wirst du mich wiedersehen, Sonne. Den Tempel Apollons aber wird er zunichte machen, und dieser wird heißen nach dem Namen seiner Mutter Maria.

Aristoteles sprach: In jenen Tagen wird das Licht der heiligen Dreieinigkeit leuchten über die ganze Schöpfung, und die von Menschenhand gefertigten Bilder, die stummen und fühllosen, die das Volk der Griechen anbetet wie Götter, die wird er völlig vernichten. Sein Name aber wird erhöht und geehrt von den Königen und den Mächtigsten im ganzen Erdkreis. Und zwölf und siebenzig wird er zu Richtern und Lehrern über die ganze Erde setzen. Er selbst aber, nachdem er gelitten und auferstanden, wird erhoben werden und sitzen zur Rechten des Vaters, und er kommt wieder zu richten die Lebenden und Toten. Und er wird jedem geben nach seinen Werken.

Zuletzt aber von allen sprach Homer: Es wird dereinst zu uns kommen der Herr der Erde und des Himmels und wird erscheinen als Fleisch ohne Sünde. Und er nimmt Fleisch von einer hebräischen Jungfrau. Und sie nennen ihn Vergebung und Jubel. Und er wird gekreuzigt werden von dem ungläubigen Volk der Hebräer. Und selig sind, die ihn hören. Wehe aber über die, die ihn nicht hören.

Als der ehrwürdige Diogenes dies hörte, wunderte er sich sehr über die Wahrsagungen der Sieben Weisen. Er schrieb sie aber in seine ,,Naturlehre" und legte sie nieder im Heiligtum des Apoll. Seitdem aber die Herrschaft des Heils zu uns kam und das Mitleid, herrschte als erster König unter den Christen der große Konstantin. Als der König nach Athen kam,

ἐλθὼν εἰς τὰς Ἀθήνας ἠβουλήθη χαλάσαι τὸν ναὸν τοῦ Ἀπόλλωνος καὶ ἀνεγεῖραι ναὸν ἕτερον τῇ θεομήτορι. εὗρε δὲ τὸν χάρτην, ἐν ᾧ ἦσαν αἱ προφητεῖαι αὗται τῶν ἑπτὰ φιλοσόφων γεγραμμέναι. καὶ ἀναγνοὺς αὐτὰς ἐθαύμασε λίαν ὁ εὐσεβὴς βασιλεύς, μετεκόμισε δὲ αὐτὰς εἰς τὴν βασιλίδα τῶν πόλεων τὴν αὐτοῦ εἰς σύστασιν τῆς ἡμετέρας πίστεως καὶ εἰς ἀνατροπὴν τῶν κακοφρόνων.

Fragmente griechischer Theosophien, herausgegeben von H. Erbse, 1941, S. 220.

wollte er den Tempel des Apoll aufheben und einen anderen Tempel der Mutter Gottes errichten. Er fand aber das Papier, auf dem diese Wahrsagungen der Sieben Philosophen geschrieben waren. Und er las sie und verwunderte sich sehr, der fromme König; er nahm sie aber mit zu seiner eigenen Königin der Städte *(nach Konstantinopel)* zur Befestigung unseres Glaubens und zur Vernichtung der Bösen.

Die sieben weisen Meister

Zum Schluß zeige ein kurzes Stück, woran man während des Mittelalters im westlichen Europa dachte, wenn von den Septem Sapientes die Rede war. Es ist die ein wenig gekürzte Einleitung aus einer lateinischen Fas-

*sung der weitverbreiteten Geschichte von den Sieben Wei-
sen Meistern. Diese Erzählung, die wie die alte Legende
von Kroisos die Sieben Weisen mit einem König zu-
sammenführt, der oft als König von Rom bezeichnet wird,
ist uns in verschiedenen Sprachen Asiens und Europas
überliefert; sie enthält orientalische Motive, die man zum
guten Teil bis nach Indien zurückverfolgt hat, und ist
etwa seit dem Jahr 1000 in Europa nachweisbar. Der
hier vorgelegte Text einer Berliner Handschrift ist im
Jahr 1407 in Bergamo von einem Deutschen geschrieben,
von Johannes de Saxonia, wie er sich selbst nennt, und
gibt die Übersetzung einer hebräischen Fassung wieder,
die ihrerseits auf eine arabische Vorlage zurückzugehen
scheint. — Das Latein dieser Erzählung ist natürlich
unklassisch (wie übrigens auch das mittelalterliche Griechisch der vorhergehenden Stücke, so sehr die Verfasser
sich auch mühten, dem alten Attisch treu zu bleiben),
und ich habe es selbstverständlich nicht nach der Schul-
grammatik korrigiert. Nur die Orthographie ist dem uns
Gewohnten angepaßt.*

*Diese Erzählung läßt erkennen, wie der Westen Euro-
pas viel stärker als das byzantinische Griechentum sich
der Märchenwelt des mittelalterlichen Orients geöffnet
hat; und dieser Einfluß des Ostens ist derart tief gegangen, daß diese Geschichte von den Sieben Weisen Meistern uns besonders vertraut und heimatlich anmutet,
denn es klingt daraus der Ton mancher unserer Märchen. Die Sieben Weisen sind hier allerdings gerade das
Gegenteil von dem geworden, was sie in den frühsten
Legenden gewesen waren: dort hatten sie das Griechische
gegen den Orient vertreten, — hier sind sie die Weisen
des Morgenlandes, die der Westen bestaunt.*

*Die Legende von den Sieben Weisen klingt damit aus.
Die Renaissance greift wieder auf die antiken Quellen
zurück, — so hört das freie Fortwuchern der Erzählungen auf.*

Fuit quidam Rex, qui convocatis septem sapientibus filium suum coram eis adduxit et erudiendum tradidit. Unus autem ex ipsis, Syndebar nomine, diligenter conditiones et bonas habitationes pueri contemplatus ait: Vera est iuventus et puritas pueri, et puto quod sapientior erit quam ego, et modo scivi et iam congratulor in sapientia sua, cum creverit, dum video quia non est similis sui. Dixerunt alii sapientes: Verba Sindebaris sunt ut nubila, tonitrua, fulgura, quando non est imber aquae in eis. Dixit Sindebar: Non cognoscitis quia sapientia est in homine sicut muscus et ambra? Quae quanto plus tanguntur, tanto magis dant odorem suum. Adhuc respondit alius et dixit: Haec sunt verba quorum nullus est qui cognoscat veritatem, usque dum videat eorum novissima, et haec sunt: Navis in pelago maris usque dum intrat portum, et bellator in proelio donec redeat victor, et aeger usquequo de aegritudine convalescat, et praegnans usque dum pariat, et triticum donec reponatur in fovea. Similiter verba Sindibaris laudari non possunt, donec eorum videatur effectus. Haec audiens Sindibar iratus est valde in socios dixitque ad Regem: Vivat Rex! Ego docebo filium tuum, ut vincat sapientiam omnium sapientum. Sed concede mihi petitionem cordis mei quam posco a te; quodsi non fecero, tradam vitam meam iugulo ante regalem curiam. Postremo turbati sunt sapientes et dixerunt: Perimet capita nostra coram rege. Et adiecerunt: Manifestemus Sindebarem esse sapientem ut dicta oris sui conprobant, qui vult filium Regis instruere super omnes sapientes. Tunc Rex dixit Sindebari: Sindebar facundissime, si feceris quod dixisti, vives; sin autem, morieris. Et

Es war ein König, der rief die Sieben Weisen zu
sich und führte seinen Sohn vor sie und gab ihn denen,
ihn zu erziehen. Aber einer von ihnen, Sindebar (Syn-
tipas, Sindibâd) mit Namen, betrachtete genau die
Beschaffenheit und die Gewohnheiten des Knaben und
sprach: „Echt ist die Jugend und Reinheit des Knaben, und ich glaube, daß er weiser sein wird als ich.
Eben habe ich ihn kennengelernt und schon wünsche
ich Glück zu seiner Weisheit, wenn er wachsen wird,
da ich sehe, daß es seinesgleichen nicht gibt." Sprachen die anderen Weisen: „Die Worte Sindebars sind
wie Wolken, Donner, Blitz, wenn kein Tropfen Regen
dabei ist." Sprach Sindebar: „Erkennt ihr nicht, daß
Weisheit im Menschen gleich Moschus und Ambra ist?
Je mehr man sie netzt, desto stärker duften sie."
Darauf antwortete ein anderer und sprach: „Das sind
Worte: niemand erkennt deren Wahrheit, ehe er den
Erfolg gesehen, und also sind sie: Ein Schiff auf der
Höhe des Meeres, ehe es zum Hafen einfährt, und ein
Krieger in der Schlacht, bevor er als Sieger heimkehrt,
und ein Kranker, bis er genesen ist, und eine Schwan-
gere, ehe sie gebiert, und Korn, ehe es gegessen ist.
Ähnlich kann man Sindebars Worte nicht loben, ehe
man denn ihren Erfolg sieht." Da er dies hörte, ward
Sindebar sehr zornig gegen seine Genossen und sprach
zum König: „Es lebe der König! Ich werde deinen
Sohn lehren, so daß er die Weisheit aller Weisen über-
trifft. Aber gewähre mir den Wunsch meines Herzens,
worum ich dich bitte. Wenn ich es nicht tue, liefere ich
mein Leben dem Tode vor dem königlichen Gericht."
Da wurden die Weisen bestürzt und sprachen: „Er
wird unsere Köpfe verwirken vor dem König." Und
sie fügten hinzu: „Laßt uns verkünden, Sindebar sei
weise, wie die Worte seines Mundes bezeugen, der des
Königs Sohn lehren will, so daß er weiser wird als
alle Weisen." Da sagte der König zu Sindebar: „Höchst
beredter Sindebar, wenn du tust, was du sagst, sollst

Sindebar tulit omnia quae erant sibi necessaria suo magisterio. Et Rex scripsit annum et mensem, diem ac horam et dedit ei puerum. Deinde studuit Sindibar breviter et commode instruere puerum, et pervenit ad tempus statutum. Et fecit eum sapientiorem sapientibus terrae suae.

Post haec direxit Rex ad Sindibarem dicens: Ecce tempus statutum, nunc quae est voluntas tua? His auditis Sindibar misit ad Regem: Si placet tibi, domine Rex, crastino veniet ad te Filius tuus sicut est desiderium animae tuae. Audiens Rex laetatus est vehementer et congregavit omnes principes terrae et sapientes. Et in illa nocte dixit Sindibar ad filium Regis: Ego misi ad patrem tuum nuntium ut cras pergas ad eum, et non aspexi in astronomia quid patiaris. Nunc ergo in hac nocte videamus in astronomia. Tunc aspexit Sindibar in astronomia et cognovit quod si puer loqueretur usque ad septem dies, quod mori deberet. Haec videns Sindebar manibus se verberans dixit: Heu me, quid agam? Repondit ei puer et dixit Quid habes, magister, aut quid vidisti? Et dixit ei magister: Vide tu in astronomia et cognosces, cur hoc facio. Tunc prospiciens puer cognovit ea quae magister viderat et ait: Nolo ut irascaris, magister, quia si mihi praecipias ut septem mensibus os meum non sit apertum, tua praecepta non erunt repudiata.

du leben, andernfalls wirst du sterben." Und Sindebar schaffte alles herbei, was zu seinem Unterricht nötig war. Und der König schrieb das Jahr vor und den Monat und den Tag und die Stunde. Darauf mühte sich Sindebar, den Knaben kurz und leicht zu lehren, und er vollbrachte es zur festgesetzten Zeit und machte ihn weiser als alle Weisen seines Landes.

Hiernach wandte sich der König an Sindebar und sagte: „Siehe, jetzt ist die festgesetzte Zeit. Was ist nun dein Wille?" Da Sindebar dies hörte, schickte er zum König: „Wenn es dir gefällt, Herre König, wird morgen zu dir dein Sohn kommen, wie es das Verlangen deiner Seele ist." Der König hörte dies und freute sich heftig und versammelte alle Fürsten und Weisen des Landes. Und in jener Nacht sprach Sindebar zum Sohne des Königs: „Ich habe zu deinem Vater einen Boten gesandt, daß du morgen zu ihm ziehst, und ich habe nicht in die Sterne gesehen, was dir widerfahren wird. So wollen wir denn in dieser Nacht in die Sterne sehen." Da blickte Sindebar in die Sterne und erkannte, daß der Knabe sterben müßte, wenn er innerhalb von sieben Tagen spräche. Da Sindebar dies sah, schlug er sich mit seinen Händen und sprach: „Weh mir, was soll ich tun?" Es antwortete ihm der Knabe und sprach: „Was hast du, Meister, oder was sahest du?" Und es sprach zu ihm der Meister: „Sieh du in die Sterne, und du wirst erkennen, warum ich dies tu." Da schaute der Knabe hinauf und erkannte, was der Meister gesehen hatte, und sagte: „Ich will nicht, daß du zürnst, Meister. Denn wenn du mir auch vorschreibst, daß sieben Monate lang mein Mund sich nicht öffnet, so sollen deine Vorschriften nicht verschmäht werden."

*Die Fortsetzung dieser Geschichte ist kurz folgende:
Die Stiefmutter des Königssohns versucht, die Stummheit zu brechen. Als ihr das nicht gelingt, verklagt sie den Sohn beim Vater, er hätte ihr Gewalt antun wollen. Der Vater will dafür den Sohn mit dem Tod bestrafen. Aber als dieser zur Richtstätte geführt wird, tritt der erste der Sieben Weisen vor und erzählt eine Geschichte, die an einem Beispiel zeigt, daß der Sohn unschuldig sein könnte, und die dadurch den König veranlaßt, den Sohn nicht hinrichten zu lassen. Am nächsten Tag erzählt die Königin dem König eine Geschichte, die ihn wieder umstimmt, und der Sohn wird abermals zum Richtplatz geführt. Und nun wiederholt sich noch sechsmal, daß immer einer der Weisen durch eine Geschichte den Sohn rettet, wenn die Königin durch eine Geschichte seine Hinrichtung fast erreicht hat. Am siebten Tage endlich darf der Königssohn wieder sprechen und dadurch kommt die Wahrheit an den Tag.*

Der Hauptreiz dieses volkstümlichen Buches liegt natürlich in den einzelnen Geschichten, die die Weisen und die Königin erzählen — aber diese Geschichten haben hier keinen Platz mehr. Das Hübscheste also von diesen letzten Sieben Weisen, die, wie immer sie mit den griechischen Sieben Weisen zusammenhängen, sehr ungriechische Sternengucker und orientalische Märchenerzähler sind, gehört nicht mehr in dieses Buch. Das muß man an anderer Stelle nachlesen.

ANMERKUNGEN

Die vierte Auflage versucht wie die vorigen die Literatur der letzten Jahre zu berücksichtigen und ist um einige Stücke erweitert.

S. 6 ff.: Viel des hier Vereinigten wird auf den Kallimacheer Hermippos (200 v. Chr.) zurückgehen, dessen Schrift „Über die Weisen" das späteste der hier zitierten Werke zu sein scheint, — wir wissen allerdings nicht, wann Archetimos v. Syrakus lebte. Aus Hermipps Buch gab es einen Auszug von Herakleides Lembos (Pap. Oxyrh. 11, 1367) aus dem 2. Jh. v. Chr.; diese Art Literatur hat sich weiter verdünnt zu dem, was wir besitzen, konnte aber natürlich jederzeit wieder durch einzelne Notizen erweitert werden. Auch vieles, was in den folgenden Kapiteln angeführt wird, geht wahrscheinlich auf Hermipp zurück.

S. 8: Über die Geschichte des Spruchs ‚Erkenne dich selbst' im Altertum vgl. U. v. Wilamowitz, Reden und Vorträge, 4. Aufl., Bd. 2, 171; zu seiner Aufzeichnung in Delphi (und Athen) J. Bousquet, BCH. 80, 1956, 547 ff.; zu seiner Neudeutung durch Sokrates s. C. J. Classen, Zetemata 22, 1959, 151 ff. — Daß Euripides μηδὲν ἄγαν als Spruch der Sieben Weisen ansah, wird man aus Hipp. 264 schließen dürfen: οὕτω τὸ λίαν ἧσσον ἐπαινῶ τοῦ μηδὲν ἄγαν· καὶ ξυμφήσουσι σοφοί μοι, zumal da bezeugt ist (s. o. S. 8), daß Kritias ihn dem Chilon zuschrieb.

S. 12: In den Sprüchen des Demetrios (s. S. 102) stehen diese ‚Hauptsprüche' jeweils am Anfang, bei Diogenes Laërtios immer am Ende der einzelnen Biographien, — und zwar stammt diese Stellung am Ende aus der biographischen Tradition (vgl. die Hesych-Viten bei Suidas und in den Scholien zu Platons Staat). Die gleichen Sprüche sind denselben Weisen zugeschrieben bei Hygin fab. 221. Bei Demetrios sind die des Thales und des Chilon vertauscht (so auch auf dem in der Nähe von Baalbeck gefundenen Mosaik des 3. Jhdts.: R. Mouterde, Bull. Musée Beyrouth 14, 1958/9, nr. 5). — Eine etwas andere Verteilung der Sprüche auf die Weisen bieten die Hexameter Anthologia Palat. 9, 366 (= schol. Plat. Gorg. 343 A).

S. 16: Die Nachrichten des Aristoteles über Thales gehen auf Hippias zurück (vgl. Ges. Schr. 1966 S. 199 ff.).

S. 22: Das Alkaios-Gedicht, in dem Pittakos als Dickwanst beschimpft wird, ist auf einem Papyrus in Ägypten gefunden und zuerst von E. Lobel in den Oxyrhynchus-Papyri Bd. 18, 1941 veröffentlicht.

S. 24: Über Bias vgl. P. Von der Mühll, Mus. Helv. 22, 1965, 178 ff. — Ders. S. 180 über den Text des Demodokos-Verses. — Der Brief des Königs Lysimachos ist erhalten auf einem Inschriftstein (jetzt in Oxford). Der Text, der zum Teil stark ergänzt ist, wird hier nach Bradford Welles, Royal correspondence, gegeben.

S. 38: Zu dem Ausspruch des Bias führt Sternbach die Varianten an, bei denen meist δικάζειν oder κρίνειν statt διαιτᾶν als Funktion des Weisen vorausgesetzt ist; vgl. Von der Mühll, Mus. Helv. 22, 1965, 178. Die dem Kleobulos zugeschriebene Inschrift (zum Text vgl. Peek GV 1171) will natürlich nur besagen: ewig wird dies Grabmal künden, daß auch der unermeßlich reiche Midas hat sterben müssen. Simonides faßte das Gedicht gar zu wörtlich, wenn er ihm nur entnahm, daß Kleobulos die Dauer eines Standbildes gepriesen hätte, — und darüber ärgerte er sich als Dichter. In seinen Versen sagte er wohl weiter, daß nur ein Gedicht Unsterblichkeit verleihen könne. Übrigens las Simonides am Anfang des Gedichtes etwas wie παρθένος εἰμὶ λίθοιο.

S. 44: Zu den delphischen Geschichten: U. v. Wilamowitz, Platon II 430, und O. Regenbogen, Das humanistische Gymnasium, 1930, 15 ff.

S. 62: Plutarchs Symposion der Sieben Weisen hat Mlle de Sendéry im „Banquet des sept Sages", im 9. Teil ihres großen Romans „Artamène ou le Grand Cyre" nachgebildet; vgl. Margot Kruse, Rom. Jhrb. 11, 1960, 204—226. — Zu den durch Lobon erhaltenen Skolien vgl. O. Crusius, Philol. 80, 1925, 176—191.

S. 64: Zu dem in Hexametern abgefaßten „Gastmahl der Sieben Weisen" und zu den sehr unsicheren Ergänzungen vgl. meine Ges. Schr. 1966, 115 ff. Text der Skolien nach Wilamowitz, Hermes 60, 300, nur Chilon v. 3 mit Headlam χρόνῳ statt χρυσῷ vgl. etwa Bacch. 13, 205 und S. 108 die Antwort auf die Frage τί σοφώτατον; anders K. Reinhardt, Hermes 77, 226.

S. 69: Daß vor Platon nicht Myson, sondern Periander zum festen Kanon der Weisen gehörte, scheint man jetzt mit Recht zumeist anzunehmen (vgl. z. B. RE. s. v. Myson und Periander); bewiesen wird es unter anderem schon dadurch, daß Platon selbst im Staat 1, 9, 335F bis 336A offensichtlich Sprüche Perianders voraussetzt.

S. 70: Nach Pausanias 10, 24, 1 standen die Sprüche (die Δελφικὰ γράμματα oder παραγγέλματα) am Pronaos; über die genaue Stelle schwanken die Angaben, vgl. Hitzig-Bluemner zu der Pausanias-Stelle.

S. 73: Zur Entwicklung des Bildes der Sieben Weisen bei
Platon, Aristoteles, Herakleides, Dikaiarch vgl. W. Jaeger,
Scripta Minora 1, 347ff., zu Dikaiarch auch Philol. Unters. 29,
1ff.

S. 78: Zur Diskussion über den Wert des praktischen und des
theoretischen Lebens vgl. C. J. Classen, RE. s. v. Thales,
Suppl. X 931ff.

S. 80f.: Zweifel wegen der Zuweisung des Ineditum Vaticanum an Dikaiarch äußert W. Spoerri, Gnomon 30, 1958, 190.

S. 94: Der „Storchenbrauch", die Eltern zu ernähren: Suda
π 931 πελαργικοὶ νόμοι· — Über die Verbindung Äsops mit
den 7 Weisen vgl. Heinr. Zeitz, Aegyptus 16, 1936, 225—265,
bes. 242ff.

S. 102: Eine der Demetrios-Sammlung sehr ähnliche ist bei
Diogenes Laërtios benutzt (und zwar war sie von einem uns
sonst nicht bekannten Apollodor zusammengestellt) und in den
verschiedenen Teilen des Stobaios (auch diese Sammlung begann mit den Sprüchen des Kleobulos, sein Name war aber ver-
schrieben zu Theobulos). Ähnlich ist auch die von Boissonade,
Anecd. 1, 135, aus cod. Paris. reg. 1630, veröffentlichte. Vgl.
auch A. Delatte, Les sentences des VII sages du ms. d'Athènes
1070, Miscellanea Galbiati I, Milano 1951, 13—18.

S. 108: Die Thales-Antworten hat O. Brendel, Römische
Mitteilungen 51, 1936, 23—44, in ihrem Zusammenhang er-
kannt.

S. 115: Über den Einfluß der Legende von den VII Weisen
auf Plutarchs Leben des Solon s. M.-L. Paladini, Rev. ét. gr.
69, 1956, 377ff.

S. 122: Euphorbos ist die frühere Inkarnation des Pythagoras.

S. 126: Die Erklärung des Kallimachos-Epigramms ver-
danke ich E. Kapp; zu τὴν κατὰ σαυτὸν ἔλα vgl. Sinko, Eos
1914, 5—12; zu Aisch. Prom. 887: Raubitschek, Wien. Stud.
71, 1958, 171.

S. 128: Die übrigen bei Diogenes Laërtios mitgeteilten Briefe
der Sieben Weisen gehören nicht zu Romanen, sondern sind
Stilübungen: Für bestimmte historische Situationen wird die
Aufgabe gestellt: was für einen Brief hätte der und der damals
schreiben können ? Dabei werden diese geschichtlichen Situationen als bekannt vorausgesetzt, und zwar schließen sich die
besonders törichten Briefe Diog. Laërt. 1, 100 an Herodot an
(3, 50; 5, 92 ζ 2), dagegen die Briefe 1, 67; 81; 99; 105 wohl an
Ephoros (vgl. Diod. 9, 26 bis 28), was hier nicht verfolgt werden
kann. Für sich stehen die beiden groben Briefe an Periander 1,
64 und 73. — P. Von der Mühll (Basel) hat mir freundlicher-

weise seine Kollationen der Diogenes Laërtios-Handschriften für den Briefroman zur Verfügung gestellt. — Über die Reisen Solons gab es eine reiche Literatur, vgl. z. B. Sud. σ 776 und ähnlich Pap. Oxy. 4, 680 (= Pack² 2178, der auf die Rekonstruktionen von Fuhr und Lobel verweist).

S. 140: Über die Wandinschriften aus Ostia vgl. Guido Calza, Die Antike 15, 1939, 99 und A. v. Salis, Eumusia, Ernst Howald zum 60. Geburtstag, Zürich 1947, 21 ff.

S. 145: Zu den „isolierten Gestalten" in der Kunst zur Zeit des Ausonius vgl. F. Mehmel, Virgil und Apollonius Rhodius, 1940, S. 106 ff.

S. 154 u. 158: Die Verbesserungen zu den folgenden Versen des Ausonius hat W. H. Friedrich freundlicherweise beigetragen: Thales Vers 1 und vorletzter Vers, Periander Vers 3.

S. 162 ff.: Die beiden byzantinischen Texte sind zum erstenmal kritisch herausgegeben und quellenkritisch untersucht von H. Erbse, Fragmente griechischer Theosophien, 1941, S. 213 ff. u. 220 ff.

S. 174: Die „ystoria de Septem Sapientibus" aus der Berliner Handschrift lat. qu. 618 ist herausgegeben von A. Hilka, Sammlung mittellateinischer Texte 4, Heidelberg 1912. — Eine mittelhochdeutsche Übersetzung von 11 Sprüchen der Sieben Weisen aus dem Lateinischen veröffentlicht C. Selmer, Mediaeval Stud. 16, 1954, 162—165. — Das deutsche Volksbuch von den Sieben Weisen Meistern, das die vollständige Erzählung in der uns am leichtesten zugänglichen Form enthält, ist sehr schön bearbeitet von Richard Benz (Jena bei Eugen Diederichs).

Das Bild des Titelblatts gibt ein Mosaik aus der Villa Albani in Rom wieder (Aufnahme des Dt. arch. Instituts, Rom, Nr. 2143). Nach der Deutung Furtwänglers, die jüngst von O. Brendel wieder aufgenommen ist (Röm. Mitt. 51, 1936, 1 ff.; dazu Diels-Kranz, Vorsokratiker 2, 420, und G. W. Elderkin, Röm. Mitt. 52, 1937, 223), sind die Sieben Weisen im wissenschaftlichen Gespräch dargestellt. Es scheint, daß Thales die ‚Sphaira', d. h. ein Modell der Himmelskugel, vorführt und daran die angeblich von ihm erfundenen Himmelszonen erklärt (vgl. Aët. II 12, 1 und dazu Diels, Doxogr. p. 181). Das Mosaik, das selbst römisch ist und stark durch moderne Ergänzungen entstellt ist, geht auf ein griechisches Gemälde zurück. — Über weitere Porträts der Sieben Weisen mit Beischriften s. G. Pfohl, Griechische Inschriften als Zeugnisse des privaten und öffentlichen Lebens, S. 161 nr. 152.

Die metrischen Übersetzungen dieses Bandes hat Richard Moering (Peter Gan) freundschaftlich verbessert, wofür ich ihm herzlich danke.

STELLENVERZEICHNIS

INHALTSÜBERSICHT

TUSCULUM-BÜCHEREI

Zweisprachige Ausgaben poetischer, philosophischer, historischer Texte
der Antike

Stand Herbst 1971

AISCHYLOS: TRAGÖDIEN UND FRAGMENTE ed. Oskar Werner. DM 32.—
ALKAIOS: LIEDER ed. Max Treu. DM 14.—
ANTHOLOGIA GRAECA ed. Hermann Beckby. 4 Bände zusammen DM 188.—
APULEIUS: DER GOLDENE ESEL edd. E. Brandt und W. Ehlers. DM 24.—
ARATOS: PHAINOMENA (Sternbilder und Wetterzeichen) ed. Manfred Erren.
   In Vorbereitung
ARCHILOCHOS: SÄMTLICHE FRAGMENTE ed. Max Treu. DM 14.—
DER ARZT IM ALTERTUM ed. Walter Müri. DM 26.—
AUGUSTINUS: SELBSTGESPRÄCHE ed. Peter Remark. DM 12.—
AUGUSTUS: MEINE TATEN ed. Ekkehard Weber. DM 13.—
BAKCHYLIDES-SIMONIDES: CHORLYRIK ed. Oskar Werner. DM 26.—
CAESAR: BÜRGERKRIEG ed. Georg Dorminger. DM 20.—
CAESAR: GALLISCHER KRIEG ed. Georg Dorminger. DM 28.—
CATULL: CARMINA ed. Werner Eisenhut. DM 14.—
CICERO: BRUTUS ed. Bernhard Kytzler. DM 24.—
CICERO: CATO MAIOR — DE SENECTUTE ed. Max Faltner. DM 12.—
CICERO: AD FAMILIARES ed. Helmut Kasten. DM 48.—
CICERO: DE FATO ed. Karl Bayer. DM 12.—
CICERO: AD QUINTUM FRATREM ed. Helmut Kasten. DM 20.—
CICERO: GESPRÄCHE IN TUSCULUM ed. Olof Gigon. DM 35.—
CICERO: LAELIUS ed. Max Faltner. DM 12.—
GRIECHISCHE INSCHRIFTEN ed. Gerhard Pfohl. DM 23.—
HERAKLIT: FRAGMENTE ed. Bruno Snell. DM 7.—
HERODOT: HISTORIEN ed. Josef Feix. 2 Bände zusammen DM 67.—
HOMER: ILIAS edd. Rupé-Stegemann-Höhne. DM 35.—
HOMER: ODYSSEE ed. Anton Weiher. DM 28.—
HOMERISCHE HYMNEN ed. Anton Weiher. DM 12.—
HORAZ: SÄMTLICHE WERKE edd. Burger-Färber-Schöne. DM 24.—
MENANDER: DYSKOLOS ed. Max Treu. DM 12.—
MUSAIOS: HERO UND LEANDER ed. Hans Färber. DM 10.—
OVID: AMORES edd. Walter Marg und Richard Harder. DM 12.—
OVID: LIEBESKUNST ed. Franz Burger. DM 10.—
OVID: METAMORPHOSEN ed. Erich Rösch. DM 28.—
PETRON: SATYRICA edd. Konrad Müller-Bern und Wilhelm Ehlers. DM 32.—
PHILOGELOS (DER LACHFREUND) ed. Andreas Thierfelder. DM 26.—
PHILOSTRATOS: DIE BILDER ed. Otto Schönberger. DM 35.—
PINDAR: SIEGESGESÄNGE UND FRAGMENTE ed. Oskar Werner. DM 42.—
PLATON: BRIEFE edd. W. Neumann und J. Kerschensteiner. DM 16.—

www.ingramcontent.com/pod-product-compliance
Lightning Source LLC
Chambersburg PA
CBHW070331100426
42812CB00005B/1321